立ちつくす思想

新装版

田川建三

勁草書房

序

雑誌『指』を主宰するようになってからちょうど五年たつ。この雑誌については後書で説明するが、ともかく、原稿用紙十四、五枚の短文とはいえ、それを毎月書き続けることは、一つの仕事であった。そしてこの五年間は、実に長い五年間であった。

『指』に書きためた文章を整理して、一冊の本にまとめよう、と思いたったのは二年以上も前のことだが、その時には時間的にもその作業をする暇はなかったし、内容的にも、新しい課題に種々取り組まなければならなかったので、その計画は実現に移されなかった。しかし、この夏に再度の滞欧生活をはじめるにあたって、それまでの自分の発言を整理する作業は是非しておきたかったので、出発の前後半年間にわたってまとめあげた結果が本書である。

内容の過半は『指』に発表したものだが、小雑誌の限界の故に書き足らなかったところ、また、毎月時間にせまられて書いているので、内容的にも文章上も掘り下げの不足した多くの点を、書き足し、書き改めた。文章によってはほとんど全部書き改めたものもある。それに、第二章の知識人論についての多少の考察を加えて、一冊にまとめた。五年にわたって書いているものなので、内容的にもかなり変化、というよりも発展しているから、敢えて言い訳をすれば、一つ一つの文章のいたらぬところは、数ヶ月もしくは数年後の次の文章で何ほどか克服しようとしている、という風にお読みいただければ幸いである。かと言ってもちろん、たとえ五年前に書いたものでも、本書に再録する限りは、基本的には、現在の自分の思想的発言として主張するべきものである。個々の文章については、後書で自ら短評を加えておいたので、むしろそちらから先にお読みいただいた方がいいかもしれない。

第一章には自分の発想の基礎的な体質とでも呼ぶべきものに何ほどかふれた文をまとめた。思想的作業のしめる位置をめぐって多少ずつ論じたものである。第四章には自分の主たる課題である宗教批判をめぐる諸発言をおいた。第一章は新しいものから順に古いものへと、第四章は逆に、我々の『指』の第一号にのせた文章からはじめて、この夏の渡独直前の文章まで、古いものから新しいものへと並べてある。この二つの章が『指』という小雑誌の趣きを保っている。第二章には、それに対して、知識人論をめぐる比較的長い文章を集めた。結果から言えば、前著『批判的主体の形成』にいたるまでの自分の思索の展開と、それ以後の問題意識の進展とが本書である、ということになる。比較的容易に読めるエッセイ集という当初の意図が何ほどか実現できたとすれば幸いである。

標題について念のために一言しておきたい。「立ちつくす思想」という標題は本書五三頁以下におさめた一九六八年七月の拙文の標題をそのままとったものである。自分の思想的姿勢を示す一つの表現だと思っている。七十年の春に本書を編む計画をたてた時も、この標題を考えていた。ところがその後、柴田翔氏が非常によく似た標題の作品を発表されたので、まぎらわしいから別の標題を選ぼうかとも思ったが、やはり、『指』を通じて行なって来た思想的活動を表現するにはこの標題がふさわしいと思うので、そのままにすることにした。従って柴田氏の作品とはまったく関係がない、ということをお断りしておく。

本書の成立にあたっては、多くの人のお世話になった。勁草書房の富岡勝氏の熱意がなければ、なかなか本書は仕上げられなかっただろう。氏からはまた多く学ぶところがあった。カットをかいて下さった藤井よし子さんは、『指』を通じての知己で、呉市におられる。生活のために忙しい時間をさいて、本書に味わいのある性格をそえて下さったことを感謝している。『指』の共同主宰者であり、共同編集者である宮滝恒雄氏には非常に大きなお世話になった。私と多くの点で意見を異にしながらも、怠慢な私の相棒として五年間雑誌を続け、今後もずっと出して行くことがどれだけ大変なことであるか。氏の地道な努力がなければ、私はここにおさめた多くの文章を書くこともできなかっただろう。また現在、私の不在中雑誌の編集を引受けてくれた真田治彦氏、および『指』発行委員会の若い諸氏にもこの場を借りて感謝しておきたい。

三年間の予定の当地での生活も、一つには、食いつめかけて給料を求めてわたって来たのだから、流浪の生活とも言われようが、自分としては、次の十年間のための蓄積の時、と思っている。

一九七二年十一月四日　ゲッチンゲンにて

目次

序

カット　藤井よし子

立ちつくす思想

第一章　逆説的発言

批判ということ

思想は批判にとどまる。それ以上のものを思想に期待するのは間違っている。しかし他方、批判は常に批判として徹底されなければならない。

一年ほど前のことだったと思うが、ある学生から、あなたの言うことは正しいと思うが、しかし、思想として継承不可能だ、という趣旨のことを言われたことがある。彼はただ一言、ぽつんとその言葉を言っただけなので、どういうつもりで言ったのかはわからないが、私の思想の傾向をうまく言いあてられた感じで、よく覚えている。おそらく彼としては、私のことを批判するつもりでこう言ったので、前半の、お前の言うことは正しいと思うが、というのは前置きのお世辞だから、彼の言いたいのは後半の一言であろう。つまり、お前は他人の思想をいろいろ批判するし、その批判はおおむねあたっていると思うが、自分自身の思想をちっとも積極的に提示しないではないか、ということなのだろう。だから、田川の思想は△△思想である、という形で継承しうるものとなっていない、ということになる。一緒になって平田清明を批判し、八木誠一を批判し、等々の作業はできるにせよ、お前自身の思想はまだ存在していないのではないか、という批判であろう。

もちろんこれには、いろいろな水準の問題が含まれているので、一つには、そもそも私はたいした思想家ではないから、わざわざ人様に継承していただくほどのことは言いえていない、ということでもあるのだが、しかし、他方、これは思想そのものの基礎的体質でもあると思っている。そしてその意味では、継承不可能な思想である、ということの方が、思想としては、むしろ、正しいのだ、と思う。何も私がいつも他人の思想をあげつらってばかりいるわけではないことは、『指』のバックナンバーを並べていただければすぐわかることだから、敢えて弁解はしないが、それでも、本質的には、私はかなり意図的に、批判のいとなみとして自分の思想を展開しようとしているので、お前の思想は継承不可能だ、と言われると、むしろ、自分としては、自分の意図が達成できているのだな、と確信することができる。

そもそも思想は、思想として独立に継承することなどできないものだ。というよりも、思想がそれ自体として継承されたりすれば（そういうことは実際にはしばしば起こることなのだが）、その思想はまさに観念論としてしか作用しなくなる、ということなのだ。このことは、観念論を最も根底的に否定したマルクスの思想の継承に関してもあてはまる。現実の諸社会関係の分析をしていく時にマルクスが基礎的な手がかりとなる、ということなのであって、それを逆にして、マルクスの言っていることをおうむ返しに反復していれば現実の諸社会関係をとらえたことになる、などと思っていると、そういうマルクス主義者は語彙の少ない独和辞典以外の何ものでもなくなってしまう。実際、日本でマルクス主義者を自称してきた者達の中の相当数の連中は、こういう仕方での「マルクス」の継承しかしなかった。その結果、一方ではマルクス主義の名が党派的権威意識を覆い隠すものにおとしめられてしまったし、他方では、大学内知識人集団のアカデミズムの中でマルクス文献をほじくり返していれば前衛でありうる、というような奇妙な思いあがりを醸成してしまったのである。

『指』に関係のある人で言えば、たとえば滝沢克己氏の場合、彼の原点論を原点論として継承するとすれば、観念論的な幻想への寄りかかりしか生じない。必要なことは、滝沢氏が現実との関わりの中から（現実というと滝沢氏に誤解されるといけないので、彼の言う「根底」をもその中に含んだ意味での現実、と断っておくが）、彼がどのようにして「原点論」に結晶する思想を形成してきたのか、という過程が重要なので、構図としての原点論だけもらい受けてきても意味をなさない。ただ、滝沢氏の思想の欠点は、原点論の構図を構図として人に継承させ易くする、という傾向を強くはらんでいるので、自分の思想の中に、思想の構図だけが独立して他人に継承されるという観念論化を防ぐためのくさびが十分に打ちこまれていない、という点にある。このくさびは、ものを言うたびに常に同時に打ちこんでおかねばならない、というものなのであって、一度言っておけばすむ、というようなものではない。滝沢原点論の場合、彼自身の主張するところによれば、その「原点」は実在するものであるので、決して思想的観念にはなりきらないのだから、原点論を原点論として継承することは無意味であるということになり、自己の生の「原点」を常に押さえることからはじめなければならない、という主張である。従って、十分ていねいに言われていないにせよ、その主張の根本からすれば、自分の思想を観念論化させていくことに対するくさびを同時に保ち続けるはずの思想になっているのだが（この点が滝沢氏と八木誠一氏の決定的な違いである）、しかし滝沢氏の場合、原点論の構図に固執しすぎることによって、このくさびを自分でおおい隠してしまう傾向がある（なお滝沢原点論についての詳しい批判は、拙著『批判的主体の形成』三一書房刊、を参照されたい）。

さて、話をもとにもどして、思想が常に批判にとどまる、ということは、まず第一に、このように、思想が思想として独立に扱われてはならない、ということの宣言である。私としては、今後とも自分の思想に……論とか……主義といった名前がつけられることは避けるような仕方で、思想的ないとなみを展開したい。「原点論」とか「統体論」とか、或いは「辺境論」とかいった構図は無用なのである。私が辺境性をしばしば口にするのは、あくまでも批判契機、否定契機として口にしているのであって、「辺境論」を構築するためではない。（なお、「辺境」論については、最近おそらく辺境ということを最も強調している一人である谷川健一氏が、「辺境」論を越える視点を自分の中に内在させていこうとしている『情況』七一年六月号の対談が面白い。）

思想とはあくまでも観念領域の作業なのであって、このことはよく心得ておくべきである。観念論と観念とを混同してはならない。我々は観念論を徹底的に拒否すべきなのだが、観念を放棄することは不可能である。観念を本当に放棄してしまったら、ささいな日常会話すら成り立たなくなる。なぜなら、言語は観念と交錯することによって、はじめて、意味の通じる言語として成立するのであるから。この点を混同して、観念論を批判することは観念を持たないことだ、などと、従って、自分は観念を持たないのだ、などと思いあがっている擬似マルクシストは滑稽である。観念を持たずにいることは不可能なので、それを、自分は観念を持っていないと思いこんでいるとすれば、自分の持っている観念に批判的に切りこむ作業も当然怠っている、ということでしかないので、こういう手合が、もっともひどい唯物論的観念論者に堕してしまう理由はそこにある。先日上原教会で話をしてもらった小野木祥之氏が、別のところで、労働者には観念は無用だ、などと思っている手合に対して、「バカにしないでほしい」と憤慨したせりふを口にしているが、これは当然の憤慨なのである。

観念論とは、観念が現実との接点を失なって独立した場合（疎外された観念）、もしくは、観念でしかないものを現実そのものであると感違いして、観念と現実との逆転をひきおこしている場合、また、観念は現実の一部の反射したものにすぎないにもかかわらず、逆に、観念の自立した正当性を信じこんで、観念によって現実を裁断してしまう場合のことである。この三つの場合は、並列的に三つある、ということではなく、相互に重複している。すべての観念は常に観念論におちいる危険を持っている。だから我々は常に観念批判を続けねばならない。観念批判とは、存在する現実との接点から観念をうつことである。そして今述べたように、いかなる観念も現実の一部の反射なのであるから、現実が観念に反射する時には、必ず何ほどかの現実が切りすてられることになる。従って、思想とはまず第一に、現実が観念に反射する場合に切り捨てられた部分を、拾いもどしていく作業、すなわち観念批判の作業にほかならない。観念と観念をただつなぎあわせて整合的な論理を構成しても、観念的な疎外にさらに輪をかけているだけで、駄目なのだ。

けれども、思想が批判である、ということの意味は、このことにとどまらない。むしろ、批判が批判として徹底しなければならない、ということの意味は、その先にある。部分的なものではあるけれども、観念は現実の反映である。従って、それらの観念をただ組み合わせているだけのいとなみでは、結局、現実の社会秩序を、自覚的にか無自覚的にか、肯定して、その上で観念的な秩序を作り直しているにすぎないことになる。既存の観念体系は否定しなければならない、というのは、そういうことである。それは別に、既存の観念体系をただそれだけとりあげて否定する、ということではないので、既存の観念体系を生み出し、支えている社会的現実に対して、否定的に切りこむ、という方向性においてなすべきことなのである。だいたい、我々が生きている現実そのものがあらゆる類の矛盾と抑圧と、根本的な差別との集積なのである。その現実の上に立って、まとまって合理的な観念体系など作り上げられると思う方が間違っている。従って、既存の社会的現実から肯定的な部分を寄せ集めて来て作られる観念体系に対しては、否定的に破壊していく以外にすることはないのである。その作業を通じて、現実そのものに対してどのように否定的に立ち向かうか、という視点を確立することが求められる。

あらゆる場合に似たような反論が体制側から出てくるのであるが、たとえば大学闘争において我々が、「大学」の理念を根底的に否定していった場合に、それではお前達は大学をどのように作ろうとするのか、代案を出してみろ、という言い方で反論がなされてくる。或いは現在の日本基督教団の場合でも同様で、最後まで問いつめていった時に、教団という組織に巣食うことによって「権威」と

「生き甲斐」と実際の生活上の収入を得ている教団上層部は、我々に対して、それではお前達は教団をどのように形成しようとするのか、と居直ってくる。この種の居直りは、大学問題、教団問題に限らないので、労働運動などでも、ある程度追求していくと、経営者側は、お前達のいうようにしていたら会社はつぶれてしまう、お前達に適当な代案は出せるのか、という形で居直ってくる。このような、秩序内にうまくおさまる形で代案を出せ、というような誘いにのってしまうと、駄目なのだ。そういう秩序内にうまくおさまるような発想でものが言える、ということ自体が正しくないのだ、と追求しているのであるから。もちろん、状況の中では常にある程度の妥協を余儀なくされる、とはいうものの、本質的には、既存の社会秩序を根底的に転倒する、という方向を維持しつづけなければならない。そしてこういう形での徹底した否定は、決して、体制側が悪宣伝するように、ただの破壊にしかすぎないということでもないし、擬似進歩派が鼻の下を長くして評論して言うように、はね上って絶対否定ばかりを叫んでいる心情的ラディカリズム、などというのではもちろんない。もちろん我々は破壊する。破壊することを恐れていては何もできない。そしてその否定的破壊は、観念の領域でも現実の領域でも行なわれる。けれども、その否定が百パーセントの否定であり、否定にとどまるのは、観念の領域の作業であって、現実の領域のことではない。存在する現実は破壊しつくされるものではないし、破壊しつくすべきものでもないし、そのようなことができると考えるとすれば夢想である。現実の中で否定し、破壊すべきは、我々の生の現実を支配する権力であり、その権力を支える社会体制であり、その体制を生み出す社会の資本制的な構造である。いかにそういうものに覆われ、痛めつけられ、存在しないかのように扱われていても、我々の生の現実の肯定的部分は強く存在している。我々が積極的に肯定し、我々のものとしてつかみとっていくべきなのは、存在しており、しかも存在することを体制によって妨げられている我々の生命の現実なのであって、存在する体制の現実の反映である観念世界ではない。そして、現実の構造そのものを我々の生命が本当に生きうるように転倒する以前に、観念世界においてのみうまくできあがった思想を構成するわけにはいかないのだ。だから、適当にできあがった思想を提供し続ける自覚的もしくは無自覚的な体制のイデオロギーに対しては、我々としては徹底した批判によってのみ答えるのである。我々が肯定的に確保するのは、我々の生命を生かしうる現実であって、実際には、現実の構造はそこを痛めつけるような仕方で存在しているのだから、我々が構築する思想は、その現実の構造に対して否定的に切りこむこと以外ではありえない。

なお、似たようなことだが、お前の思想は疲れる思想だ、ということもよく言われる。しかしもちろん、思想が人を疲れさす、ということはありえないので、もしもそういう印象を与えるとすれば、その思想に映し出されているところの現実が人を疲れさせるのである。そして残念ながら、今の世の中、我々が疲れて生きていくようにできているので、そういう世の中に生きている以上、疲れない思想を求めるのではなく、我々をひどく疲れさせるような世の中を転倒しなければならないのである。それまでは、思想は世の現実を覆い隠すのではなく、むしろ、それを明るみに出すものでなければならない。我々の疲れがいやされるのは、睡眠と食事と、連帯する友の存在によってであって、思想によってではない。

以上ははなはだ不十分であるが、思想は否定としてのみ存在すべきである、ということについて、序説的に論じてみた。多くの人が容易に間違えるのは、思想が人間の生のすべてを覆うものだ、という思想の過大評価である。しかし思想とはそれほどたいしたものではない。しかしたいしたものではないからほっておいてよい、というわけにはいかない。思想は人間の生のいとなみの一部分である。生のいとなみの中で必要な批判的徹底という作業を担当しているのが思想なのだ。　（一九七一年六月）

秩序への屈従

キリスト教が持ち歩いた有名なせりふの一つに、「右の頰を打つ者に対しては、左の頰も向けてやるがよい」というせりふがある（マタイ五・三九）。実際には、長い歴史にわたって、決して、キリスト教はこのせりふの示すような姿勢は見せたことがなかった。それは当り前なので、キリスト教はたいてい、頰をなぐられる位置には身をおいていなかったからである。ごく僅かな時期、ローマ帝国のもとに迫害されていた古代末期と、たとえば日本のキリシタン迫害のような局所的な例を除いて、キリスト教は決してなぐられる位置にはいず、なぐる側の後にかくれてお祈りしていた。もっとも、いつの時代にも、ごく少数の献身的キリスト教徒がいて、右の頰をなぐられたら左の頰をむける、という行為を個人道徳として実践していたことは確かだ。そういうキリスト教徒は、たいてい、世に知られず、庶民の中に隠れていた。そういうキリスト教徒のおかげで、たいていはなぐる側に立っているキリスト教全体が、声望を失なわずにすんだのである。それどころか、峻烈な倫理性を保った愛の宗教として、人々の心に訴え続けてきたのである。けれども、こういう少数の個人道徳の峻烈な実践者が救ってきたのは、なぐられる場所におかれた民衆ではなく、なぐる力の後にかくれたキリスト教なのだった。少数の峻烈な愛の実践者がいるおかげで、キリスト教は愛の宗教としての理想をうばわれずにすんだ。自己を捨てる献身的愛の実践者は、民衆のための贖罪山羊ではなく、キリスト教のための贖罪山羊だったのだ。

いったい誰からなぐられるのか。それが問題なのだ。

社会秩序が重くのしかかっている大衆が何ほどか反抗しようとする時、その力は、横の方にはずれて噴出することが多い。本来同じ立場にいるはずの大衆相互の間でなぐりあったり、自分より力の弱い者をなぐりつけたり、という仕方で噴出することが多い。しかし、いずれにせよ、その誰もが、「なぐられる」ことの方が「なぐる」ことよりもよほど多いのは確かである。国家権力、社会秩序によって、そしてそれを生み出し、支え、かつそこから力を得ている個別の大小の権力者によって、なぐられ続けているのである。こういう権力からの圧迫は、現時点では、たとえば三里塚の農民に最も典型的に加えられているのであるが、彼らだけでなく、実際には、我々すべてが共通して、国家権力、社会秩序によってなぐられ続けているのである。それは、古代や中世の場合と違って、直接肉体的になぐられるという形をとらないことも多い。近代国家の場合は、多くは、こちらが直接に抵抗しない場合は、真綿で首をしめる感じの圧迫なのであるが、本質的には同じことである。実際、今でも多くの民衆が直接に生命をうばいとられて行っている。そういう中で、キリスト教的な個人道徳としての愛の実践者が、いかに峻烈な努力をして、右の頰をなぐられた時に、黙って左の頰をも向けていたとしても、その行為は、二重に欺瞞的になる。一方では、このごく少数の峻烈な道徳的実践者が中に含まれているおかげで、残りの九十九パーセントのキリスト教徒はおよそそういう峻烈な道徳性とは無縁であるにもかかわらず、キリスト教全体がそういう道徳の担い手であるかの如くに、自他共に錯覚する。この錯覚が何を生み出すか。自分は支配権力の後にかくれているくせに、なぐられ抑圧される民衆に対しては、右の頰をなぐられても、左の頰をなぐられても、おとなしく社会秩序に従っていなさいよ、と説教する俗物を生み出す。もしもキリスト教が百パーセントこのような俗物だけによって構成されていたならば、誰もその説教にたぶらかされはすまい。たまに一人か一人、美しくも峻烈な実践者がいるから、欺瞞が説得力をもつことになる。

この点に関して、もうすっかり旧聞であるが、一年半前の九月一日二日の万博キリスト教館問題を徹夜で討論した日本基督教団常議員会の出来事を思い出す。その席上で、権力意識のかたまりのような発言を続けていた北森嘉蔵という常議員が、一人の怒った青年によってなぐられた、という出来事を。あれはさわった程度だから、痛くもかゆくもなかった、という説と、「ぶんなぐった」という説と両方あるのだが、そういうことはどちらでもいい。私はあとから、その時の討論記録を全部読んだのだが、直接その青年たちの怒りをひきおこした傲岸な北森の発言よりも、それに先立つかなりな分量の、万博公害についての討論が重要である。つまり、反万博闘争を推進していった我々の仲間が、常議員会にのりこんでいって、実に数多くの実例をていねいにあげながら、万博公害の実態を説明していった。無理な工事に従事して肉体に傷を負った労働者から、附近の住民の騒音と土砂のほこりによる公害、附近の交通事故の増大から、全関西のひどい物価の値上りと生活の圧迫（今度の黒田府知事当選は、一つには万博公害のはね返り現象である）、等々。現代において、「なぐられている」のは、こういう人間の実態なのだ。そして、このように「なぐられ」ていく場合、右の頬をなぐられれば、こちらから進んで左の頬を向けなくとも、すぐ次の抑圧は左の頬にもとんでくる。峻烈な努力など何もしなくとも、多くの大衆はおのずと聖書の言葉を実行する。いや、実行させられる。

　この万博公害に言及しつつ、万博によって「切り捨てられる人々がいる」ということが指摘された時に、くだんの北森は、長時間にわたってこういう問題が論じられてきた直後であるにもかかわらず、「それは入場料がはらえなくて万博を見に行けない人のことですか」とうそぶいたのだ。とっさの間にこれだけ白ばっくれた答弁ができるのは、たいした才能だが、そういう万博が、一つには七十年安保の問題意識を高度成長経済、ＧＮＰ上昇賛美へとすりかえる政治目的、一つには、農協、隣組その他の組織を通じて全国的な動員をかけることができるという一種の予行演習、そして、本質的には、近代的な国民経済が化粧をこらして出て来る「祭」である、という、そういう問題はおよそ知らぬげに、「大勢人が集るところにはキリスト様もいらっしゃるのですから、私達も伝道にはげみましょう」とばっかりに、キリスト教の小屋もその片隅に、まさに体制社会の冠婚葬祭業者よろしく、お祈りの場所をつくって、見物に疲れた人を休ませてあげましょう、それが伝道でございます、というわけだから、「万博によって切り捨てられる人々がいる」というこの体制社会の構造を象徴的に述べた言葉を、故意にかどうか知らないが、聞き違えて、万博の切符を買いそこなった人がいるとかわいそうだから、キリスト教はなるべく大勢の人に万博に行けるようにしてあげるのが博愛精神だ、ぐらいにしか考えられないのも無理はない。このやりとりのあとほんのしばらくしたところで、ついに一人の青年が腹にすえかねて、「なぐった」のだ。

その後の経過はよく知られているところである。この北森という男が、一九五〇年代の日本キリスト教思想界を代表する一人の人物だったのだから、悲しい実態だが、彼の書いた『神の痛みの神学』という書物はアメリカ語にも翻訳されて、鳥居に日の出だったか何かそういった絵を書いた表紙で売られている。米国の訳者もそこまでは考えていなかったのだろうが、期せずして、日本キリスト教保守派がキリスト教を日本帝国主義の侍女にしたてあげた実態があらわれていて面白い。中味は要するに、神さまが自分で痛んで下さって、人間を救って下さった、というセンチメンタリズムにキリスト教護教精神を上ぬりしたような代物だが、アメリカの神学者の中でもものわかる人はいると見えて、これを、「風呂敷神学」とからかった、ということである。風呂敷のように、何でも結構、ごたまぜに包みこんで、神学でございます、と並べてしまった、ということだが、言いえて妙で、何ほどか体制内的権威として承認されたものは、みんな「神の痛み」で包みこんでしまうわけだから、こんな便利な神学はない。

この「神の痛み」の神学者の頬がほんの僅かに痛みを感じたということで、北森をイデオローグの頂点とする東京神学大学教授会はヒステリックに騒ぎだし、逆上した反暴力宣伝をくりひろげつつ、ほかの何が許せても、神学者先生の頬が痛むことは許せない、といきまいた。めったに教授会声明なんぞ出したこともない彼らが、同じキリスト教徒であるはずの戸村一作がどれだけ国家権力によってなぐられ、現に血を流しているか、ということには何の痛みも感じなかった連中が、これだけは許せない、と大げさな声明を発表したわけだ。

私が伝統的なキリスト教から期待していたのは、右の場合で言えば、どうせ万博の根本問題などは北森的御用神学者にはいくら言って聞かせてもわかるまいが、せめてこういう場面で、彼らのふだん語っているキリスト教幻想に忠実に、右の頰を打たれたら、左の頰をも向ける行為だった。もしもこの連中が終始一貫そういう態度を維持し続けていたら、それなりに、強固な、何ほどかの真理を提示しえたであろう。それこそ思想、信条が違っても、その程度の実践を示してくれれば、こちらも敵として真面目に尊敬しただろう。しかし、右のような出来事の経過から（これは決して一つの特殊な例というのではない。キリスト教社会にごくありふれた例なのだ）、実はキリスト教にとって、こういう山上の説教の倫理は絵にかいた餅にしかすぎない、ということがはっきりする。しかも、右の頰を打たれたら、左の頰を向ける、というイメージは、異常である故に美しい。だからキリスト教はこのイメージを手離すことができない。この異常な強烈さを、イエス・キリストにおいてのみ実現した例外として、保持しようとする。自分達はそういうことはしませんし、するつもりもありませんが、イエス・キリストのみはこの異常な強烈さを実現した神の子なのです。だからキリスト教というのはいいでしょう。なぐられることはキリスト様にまかしておいて、私達自身は、なぐられない側に、ということはつまり、なぐる方側のうしろにくっついていれば、それで許されるのです、キリスト様のお痛み、お苦しみによって、というわけだ。

横道から長く展開しすぎたが、前に二重の欺瞞と記して、その一方しか説明しなかった。しかし本質的な問題はもう一方の側面にある。右に、峻烈な倫理性とか、異常な強烈さとか、何ほどかの真理とかいう言葉で呼んできた行為は、もしも実践されるとすれば、相手に対する極度の精神的優越感を含まざるをえない。自分になぐりかかる相手を自分より卑しい者、弱い者、だから許し得る者として見下しつつ、瞬間的な肉体的な痛みにはじっと耐えることによって、なぐりかからねばならない状態に追いこまれた相手の反抗的な爆発をやわらかく包みこんでしまう。右の場合でいえば、もしも北森が二、三十回たて続けになぐられて、それをにっこり笑って受けいれていたら、キリスト教倫理の鮮烈な美しさとして人々の目に映ったかもしれないし、そのことによって、それが一種の「贖罪行為」となって、肝心の万博問題は何となくうやむやに背景に退いてしまったかもしれない。その方が人として「立派」であるだけに、もっと大きい全体的な人間の汚点を覆い隠す効果がある。

すなわち、ここで我々は、「なぐられる」という事柄の異なった位相に注目する必要がある。一方では、美しいキリスト教倫理が成り立つ地点では、「なぐられる」ことはめったにない例外的な出来事であり、従って、瞬間的な肉体の痛みを耐え忍ぶことが、異常な倫理的美しさとなりうる。ところが他方では、そしてこの方が我々にとって日常的現実なのだが、支配権力によってなぐられることは、めったにない例外的なことではなく、一々気にしていたら神経がもたないほどに、日常的に充満している事実なのである。もっともこの点で、古代のイエスの時代と、我々の近代国家の時代は多少異なるかもしれない。我々の時代にせよ、ある程度以上突出した部分は実際に肉体的にも痛めつけられるのだが、普通はもう少し間接的におそいかかってくる。食えなくなる、安定した日常生活をいとなめなくなる、社会秩序からはみ出さざるをえなくなる、という仕方が、最も多くの場合であろう。その恐怖感の前に、結局は自分を押し殺して屈従していく。イエスの時代にあっては、もっとよほど多く、肉体的に痛めつけられるということが日常茶飯事であっただろう。

その水準で「なぐられる」ということを考えてみれば、これはもう、愛の倫理の問題などではない、ということは直ちにわかってこよう。この言葉と並んで伝えられているもう一つの言葉をひきあいに出して、「上衣をとっていく者に対しては、下着をも与えるがよい」というのだから、これは「与える愛」の説教だ、などと呑気に説明しているわけにはいかなくなる。ごく親しい間柄ならば、このようにして与えあう関わりは、日常的に当り前に成立しているのであって、たとえば真に愛しあっている夫婦ならば、そういう関係はわざわざ意識しなくても成立しているのであって、そういう愛の関係をもう少し広く他の人々にまでひろげていく、いわば「開かれた愛」を持つことがここで語りかけられているのだ、などとやさしげに説いてはいられない、屈折したうめき声がここにはある。実際、イエスの生きていた当時にあって（その点は今でも大差はないのだが）、自分達から上着を強奪していくのは、どういう相手であるか。決して、寒くて着るものがないから、お願いだから上着を一枚貸して下さい、というような憐みを乞う人に対する慈善などというものではない。庶民から上着を強奪していくような力があるのは、国家権力であり、富裕な階級である。重い税金を払いきれない時、着ているものまではぎとられていく。地主に借金が返せずに、着ているものまではぎとられていく。上着をうばいとっていく権力者がやって来たら、その場でじたばた騒いでも、もっと痛い目にあうだけだ。上着まではいで持っていくような野郎は、ああ、もう、下着でも何でも勝手にしやがれ。

そこには抑圧された者のため息がある。右の頬をなぐられた時に、抵抗することもできずに黙って左の頬もむけなければならない者には、決してその事態を承認するわけにはいかない屈従の苦さが燃えたぎっている。しかもその感情を露骨に表現することすら、敢えてなしえない。そこには抑圧された古代の民衆の姿がある。

だからイエスが、これを敢えて言葉にしていった時には、やさしい顔をして説教などをしているのではなく、憤りがふき出していくのを辛じてある限度で支えている屈折した目つきがある。「右の頬をぶんなぐられたらな、その時は、その時は……。左の頬も……むっ、むけてやれ……。むけてやれえ。よってたかって上着を強奪していきやがったら、下着も一緒に、下着もな、一緒にたたきつけてやれ。……たたき……つけて……な。」

こういうせりふが、美しい聖書の中に印刷されて、日曜日に着飾った善男善女の前で読みあげられる時、まったく違った響きとなる。その故にきっと、何人かの読者は、こういう私の聖書解釈は無理な解釈だと思うかもしれない。けれども、これと並んで、もう一つ伝えられている言葉をそえれば、どうしても、ここのイエスの言葉には、こういう重苦しい屈折したうめき声を聞きとらざるをえないのである。

「あなたに強いて一里行かせる者がいれば、一緒に二里行ってやるがよい。」

平凡に訳せば何の変哲もないせりふだが、だからまた直訳なるものはあてにならないのだが、ここで「強いて一里いかせる」と普通訳されているアンガレウェインという動詞は、支配者の官憲（ローマ兵とは限らない。ヘロデ家の者もあろうし、地方の小さい権力者の手先であるかもしれない）が、現地の人々をいきなり、荷物をかついだり、舟をこいだりするのに強制徴用する、という意味である。とすると、ここでは自分達より弱い者に対する慈善の行為などが問題になっているはずはないので、あくまでも、権力者から押しつけられてくる強圧が問題なのである。

こういう類の言葉は、決して一般的な真理性の表白などとみなしてはならない。たとえば、イエスは政治権力に関しては既存の秩序を積極的に擁護したのだ、とか、ローマ帝国を正当なものとみなしたのだ、とか、反ローマの活動は「神の支配」とは無関係だから「先ず激しい否定を浴せかけた」（八木誠一、『指』一九六八年十月号）などと、政治と宗教の関わりについての一般論などをここから導き出してはならないのだ。これはあくまでも権力によって強奪され、強制労働させられる実際の場を頭に描きつつ読まねばならない言葉である。つまり、どういう場所で、どういう位置と方向で、こういう言葉が発せられるかを意識して読まねばならない。

たった一人で街道を歩いている時に、五、六人のローマ兵にとり囲まれて、無理矢理荷物を背負わされて一里歩かされる。一里歩いたら、お前もう一里行け、と言われて、けっとばされた……。そういう時に、下手にじたばた抵抗すれば、半殺しのひどい目にあうことがわかっている。しかも、そういう状況におかれることは決して稀ではない、というのが、一世紀パレスチナに生きていた庶民の生活状態だったのだ。そのようにして、ローマ兵にとり囲まれて、屈従の労働を強いられた者に、お前は抵抗しなかったからけしからん、革命の精神を持ちあわせない、などとわかったような説教はできないのである。そういうところでやむをえず屈従している民衆の姿を今日の世界にそのまま直接ひきのばして来て、これは政治的無関心でけしからん、とか、あるいは逆に、これは政治の水準を超越した宗教的倫理を描いているのだ、などというのも、どちらも歴史的条件をぬきにした倫理化にしかすぎない。しかしまた、そのように屈従、屈服した民衆の姿を――イエスもまたその一人だったと思うのだが――それをただそのまま語っていれば今日的意味をなす、ということにもならない。この屈従における民衆の姿から、直ちに何らかの政治的もしくは宗教的理論を導き出す、というのではなく、「一里行けといわれたら、もう一里行ってやる」ということを、泣く泣く言わざるを得ないような、かつての屈服させられた民衆の気持、その方向性をここから拾い出し、我々もまた実はしばしば同じことを言わざるを得ないような状況に生きているのだが、ということを屈辱をもって認識するきっかけとなしつつ、その認識をばねとしながら、そこから抵抗しつつ立ち上がる、という仕方で、歴史的認識が現代へとつながっていくのである。こういうことを言わざるを得ないような古代の民衆の気持をどこまで同情的に理解できるか、ということは、やはり、解釈者の立っている位置によって定まる。

もう少しこのことを、一世紀パレスチナに限定せずに、広くとらえていくとすれば、一世紀パレスチナならば、こういう権力からの強圧は人格的な形をとって現われるので、軍隊、官憲、地方の勢力者、などから直接に暴力的に屈従せしめられるのだが――今日でも、闘争の場における警察力などはそうであるが、しかし、それはもっと一般的、抽象的な形をとって現われることが多く、しかも、抽象的である時の方が、強圧力がより大きく、普遍的である。つまり一言で言えば、社会秩序による圧迫という形で現われてくる。

今日、何ほどか社会的秩序に抗して生きようとする時、必ずや、それは非常な圧力となっておそいかかってくる。しかも、社会秩序という一般的、抽象的な形をとっているだけに、それは外側からだけでなく、自分の精神の内側からくいこんでくる。食えなくなるのではないか、という不安、安心した日常生活をいとなめなくなるのではないか、という不安、そういう類の不安が自分の内側にしのびこんできて、かえって、自分に近い、最も連帯すべき人々との関係をひきさき、いわば、もの言わぬ肉体となって、社会秩序の中に眠りこんでいく。そこに眠りこむことが、自分だけではなく、他の人々をも屈服させる力に加担していくことだ、と知りつつも、そこにひきずりこまれていく。しかもこの関係は、決して、社会秩序に積極的にあらがっていこうとする者にのみ生ずるのではなく、ただ黙って生きていても、いつのまにか、社会秩序からなぐられ、けとばされる位置に身をおいていることが多いのである。

このようにして秩序に屈従せしめられていく者を、ののしり、鞭をあげて、弱い者は去れ、と追いはらうわけにはいかない。我々自身何ほどかずつは、その屈従を自らの中に持って生きているのだ。問題は、この屈従を屈従と感じずに、人間本来の秩序とみなして正当化してしまう姿勢である。「右の頬をなぐられたら、左の頬も向けろ」という言葉は、人間の正しい姿勢の表現として、説教として語ることもできる。しかしまた、こんなけしからんことが起こってはならないのだ、という恨みを腹の底にひめつつ、じっと下からにらみすえて、吐いてすてるようにこの同じ言葉を口にすることもありうる。前者の道をたどった時に、キリスト教は体制の中で僧服をまとった貴族になった。しかし、後者の屈辱の意識が生き続けているところでは、屈辱の中に何度も何度も叩きこまれつつも、人はその屈辱の意識の故に、必ずや立ち上がっていくのである。

（一九七一年五月）

逆説ということ

キリスト教徒は逆説的表現を好むものです。自分達は此の世の平凡な真理によって生きているのではない、というかなり思いあがった自己意識がありますから、何でも一つひねってみないと気がすまない、ということでしょうか。それに、話がすんなりわかってしまうとあまり有難くないので、これは逆説です、などと言ってわかったようなわからないようなことを言われると、ひとまわり高尚な次元に到達したような気になっていい気持になるようです。しかしそれではちょっと世をすねた気持を表現しているにしかすぎないので、本気になってその逆説の意味するところを追求するとどういうことになるのか、それを徹底させることが必要です。さもないと、逆説を語ると言いながら、実は修道院的に閉じられた宗教世界の中で有難げに無意味な言葉を反復しているだけで、現実生活は相変らず陳腐な常識によっていいとなみ続ける、ということになります。と申しますのも、逆説というのは形式論理から言えば成り立つはずもないことを言うのですから、つまり無理を承知で言うことなのですから、逆説的真理、などといって、何だかわからないひねくった言い方が真理である、などと主張するのは、実は逆説でも何でもないので、言葉の遊びにしかすぎません。そういうのではないので、何故無理を承知でこんなことを言うのか、という必然性が自分で押さえられていないと駄目なのです。たとえば、AはBであるが、しかもBではない、ということは論理的には成り立ちません。従って日常生活の論理にはなりがたい。それをただ闇くもに有難げに口にするとすれば、日常生活とは遮断された修道院的世界の隠語としてしかありえない、ということになります。私の大学の隣に神学校があって、食堂や帰りのバスなどでよく神学生の会話が耳にはいるのですが、時々真面目くさってこういう隠語的会話をかわしています。「神学」生ばかりの閉ざされた社会にいるとそういうことになりやすいのです。逆説的発言が修道院的閉鎖性の中でなされていると、実はそういう閉鎖性は自分の頭の中の観念世界においてつくりあげているだけで、身は現実世界においているのですから、現実世界に生きる論理の方はおよそ反省されることなく、相も変らぬ陳腐な常識に頼っているという結果になるのです。

私は何も、逆説的発言が正しくないと言っているのではなく、それがどういう場でなされ、どういう意味あいを持ち、どういう現実と取り組むことになるのか、ということを十分に究明していないと、かえって現実逃避になり、言葉の遊びになってしまう、ということなのです。そしてそういう観念的現実逃避の精神は、かえって、真に現実と批判的に対決する逆説が出て来た時には、そのとげをぬいて日常的に飼いならす方向に無自覚的に働いてしまうのです。イエスの発言には逆説的な発言が実に多いのですが、そしてその故にキリスト教徒の逆説好みも生じるのですが、そのイエスの逆説がどういう仕方で現実とかかわっているのかということの追求をぬきにすると、せっかくの逆説がとげぬきにされてしまいます。ここで問題にしようとする「失せた羊」の有名な譬話も典型的なイエスの逆説の一つですが、マタイとルカの二つの福音書ではそれが日常的な論理へと吸収される仕方で解釈されてしまっているのです。話は多分御存じだと思いますが、そのまま引用すると、「ある人が羊を百匹持っていたが、その中の一匹が迷い出たとしよう。その人はたとえ九十九匹を山に残してでも、出かけて行って、迷い出た羊を探そうとしないだろうか。そしてもしもうまくその羊を見つければ、迷い出なかった九十九匹にもまして、その一匹の羊のことを喜ぶのである」（マタイ一八・一二—一三）という話です。

イエスから「キリスト教」へと移行する場合の問題がこういうところにも出て来るのですが、マタイはこれに続けて、「このようにこれらの小さい者の一人でも失われるということは、汝らの天の父の御旨ではない」と結論をつけ、更にこの譬話を教会論的な前後関係におくことによって、「迷い出る羊」とは教会の仲間の中の「小さい者」、まだ信仰も弱くしっかりしていない者のことで、そういう者が迷い出したとしたら、教会の指導者はそれを熱心に探し出してもとにもどるようにさせなさい、という意味に解釈しているわけです。マタイは特に教会の意識が強い福音書ですから、これはいかにもマタイ的な解釈だと言えましょう。そしてこういう解釈姿勢は少くとも、譬話元来の逆説的意味あいをなくしているのは確かでしょう。教会の指導者が信仰から迷い出た「小さい」信者の一人を熱心に探し求める、というのは既成の宗教集団を前提とすればいかにも常識的な発想ですから。マタイがこのように教会論的に解釈していて、従ってイエスの元来の意図を示していないのは確かですから、現代の多くの註釈者はルカこそイエスの意図を忠実に反映していると考えます。しかし果してそうでしょうか。こういう場合、一方の解釈が正しくないからとて、他方の解釈が必ず正しい、というわけにはいかないのです。どちらも元来の意味と異なって自己流に解釈することもありうるわけですから。

事実、ルカ一五・四―七においては、この譬話は罪人の悔い改めということを焦点にして解釈されています。つまり七節の結論のところで、「悔い改めを必要としない九十九人の義人よりも、悔い改める一人の罪人の方が天においては喜ばれるのだ」と述べております。罪人の悔い改めというのはルカ福音書好みの言い方で、五・三二や二四・四七などこの福音書の著者の編集上の解説句であることが明らかな個所で、また使徒行伝五・三一ほかの個所で出てくる表現です。他の福音書にはほとんど出てまいりません。これはルカがパウロのエピゴーネンとして、きわめて図式的に、すべての人間は罪人なので、そのことに気がつかずに自分は義人だなどと思っている人間こそ正しくなく、自分の罪を悔い改めることがキリスト教徒になることだ、と考えていたせいです。いやむしろ、キリスト教徒になることが真の悔い改めであって、キリスト教に入信していない者は悔い改めを必要としないと思いあがっている者だ、ということなのでしょうか。このように解釈することによって、ルカもまたイエスの逆説を一つの常識に訂正してしまっています。すなわち、九十九匹を放置しても一匹を求める、というイエスの逆説の場合は、九十九匹と一匹は同じ羊なのですが、ルカの解釈になると、九十九人の非信者よりも自分の罪を自覚して悔い改めた一人の信者の方が求められている、ということで、天国に受けいれられるのはたとえ人数が少くともクリスチャンの方だ、という主張になります。ここには宗教集団の独善が顔を出しているので、要するに非信者よりも信者の方がよい、と言っているだけですから、煎じつめれば、一匹でなくても、五十匹でも、百匹でも、悔い改める罪人が多ければ多いほどよい、ということになり、逆説どころか、平凡な伝道師的宗教集団拡張の論理です。

ではイエスはこの譬話をどういうつもりで語ったかというと、あまり厳密なところはわからない、という方が歴史学的には正しいのです。マタイ、ルカそれぞれの解釈（前後関係やルカ一五・一―三の状況設定も含めて）を取り除けると、百匹の羊を飼っている人が一匹の羊が迷い出た時に、九十九匹を山に放置してでもその一匹を探しに行く、という譬話が残るだけで、解釈の手がかりは何も残りません。それに譬話はどういう状況でどういう相手にむかって語るかで、その具体的な意味づけをおよそ異にしてくるものですから、この譬話をイエスがどういう場面で語ったかがわからない以上、下手な解釈は禁物です。もっとも、それを解釈する人それぞれの主体的な判断が明白にならざるをえない、というところにかえって譬話の鏡のような面白さもあるのですが。

ただ一つのことはこの譬話において確かです。これがはっきりした逆説だということです。九十九を放置しても一を求める、というのは数字的論理からいえばどう考えても正しくない逆説なのです。数字上で天秤にかければ、誰でも九十九をとって一を捨てるのが当然ですから。論理的に敢えて正しくない方を正しいこととして採用するのが逆説なのです。イエスの発言が多くの場合逆説的発言であることはよく知られています。そこで、一つ一つの発言の具体的な意味は明らかでない場合もあるにせよ、イエスの活動、その存在が全体として逆説的な方向をもっていた、ということはできます。イエスの場合逆説とは何なのでしょうか。この譬話に関してもう一つ言えば、この逆説ははじめに言及したような修道院的隠語とは異なる、ということです。変に論理をひねくりまわして、わからないことをわからないが故にかえって珍重する、などというのではなく、逆説ではあっても生活上の実感から言えばいかにも納得がいく話なのです。やはり羊飼ならば誰でも、一匹が迷い出せば九十九匹を残しておいても探しに行くでしょう。その結果残した九十九匹は危険にさらされるとしても、迷い出した一匹を捨ててかえりみない、ということは羊飼としての情がゆるしますまい。もしも迷い出した一匹を平気ですてるとすれば、残りの九十九匹から次の一匹が迷い出た時もそれを捨て、九十八匹が更に九十七匹に、九十六匹にとなっていき、最後の二匹に減るまでは、多い方だけを守って満足する、という結果になりましょう。一匹を探しに行ったために残りの群から二匹も三匹も失われる危険があるにもせよ、やはり失せた一匹を探し求めるのが百匹を守る羊飼というものでしょう。そしてもしもその一匹が無事見つかったとすれば、その時の喜びは九十九匹を安全に守っている平穏さとは別な大きな喜びであるはずで、このことも生活上の実感としてよく理解できるところです。ということはつまり、イエスの逆説は単に論理を裏返しにしたあまのじゃくの屁理屈というのではなく、その逆説がかえって真理である、ということが実感としてわかるような事柄なのだ、ということです。つまり、九十九対一という数字上の論理で計り定めることのできないような何ものかがあるのだ、ということの主張がここにはあるのです。同じ数字的論理の水準に立って九十九よりも一の方がよいのだ、とひねくれて言っているのではないのです。その論理の水準で何とか合理的に説明しようとしたのがルカです。つまり、九十九よりも一をとるべき合理的な理由を考え出そうとして、キリスト教と無関係の九十九は無用で、罪人として悔い改めて自分達のところに頭を下げてやってくる一人の方が重要だという理屈にあてはめたのです。しかしそれでは、数字的論理と基本的に同質なのです。ある価値の基準にてらして、価値の大きい方をとり、他方をすてる、ということですから。ここで逆説がたち現われるのは、そういう数字的論理そのものに疑問符をつけているのです。真理は別の水準にある、というのです。九十九の方が一よりも多く、従ってその方が価値があるというのは一応もっともであるし、数字的真理の世界ではその方が正しいには違いないのです。にもかかわらず、そういうわけにはいかない世界があるのですよ、というのが逆説なのです。

ここにはすでにいわゆる近代化に対する疑問が提出されています。近代化とはつまり、なるべく合理的になるようにそろばんをはじいて、できるだけ損が少なく得が多いものをとる、という論理なのです。それが社会的な規模で、社会を支配する論理性として出て来た時に、近代化になるのです。これは単に、ニューライトなどと呼ばれる最近の保守主義の傾向だけでなく、ソ連賛美に血道をあげてきた一部のマルクシストの群にも共通する論理なのです。私の知人のマルクシストで、自動車文明は汽車の文明よりも合理的かつ能率的であるというので自動車文明を百％支持する男がおりました。近頃は公害問題などがやかましくなったのでそうは言わなくなったようですが、単に公害という損を勘定に入れて差し引きどちらがどれだけ得か、などというのではなく、それとは別の論理が、たとえば本来個人的な乗物である自動車と本来大衆的な汽車という比較もありうるのです。こういう近代主義のそろばん勘定が、下手に「はね上る」とかえって大学に機動隊が入り易くなって損だ、むしろ「民主勢力」の温存をはかるべきだ、などという論理につらなるのではないでしょうか。しかし前衛的な運動にはそういう算術的な損得でははかり切れない別の水準の問題があるはずです。

それはともかく、もしも別の水準の論理がある、というだけならば、はっきりそう言えばいいので、何もあまのじゃくに、九十九匹を放置してでも一匹を探し求める、などと逆説的言辞を弄さなくてもいいではないか、と問われるかもしれません。実際、ルカの場合には、人数の多さ、という論理に対して、教会的党派性にくみするかどうか、という別の水準の論理を持ち出してきたのですから。しかし、私が言いたいのはそういうことではないので、そういう意味で別の水準の論理ということをおだやかに主張したのでは、結局、論理の水準を区分けして、それぞれはそれぞれで結構です、ということになってしまいます。こういう風に区分けして、ある場合にはこっちでやります、ある場合にはあっちでやります、ということですむとすれば、何も、逆説が出てくる必要はないのです。現実においては、九十九対一という数字的論理を離れた場所はないのです。その論理とは違う水準のことがあるにせよ、違う水準のことは違う水準のこととして、それだけ切り離して考える、というわけにはいかないのです。問題は、九十九対一の論理によって、一の方が切り捨てられる、ということです。その場合、九十九人に対して、一人の人間も同等な人間なのだから、みんな同じに大切にしましょう、と言ってみても、それは、理屈としてはありえても、現実はそうではないので、みんな同じに大切にしましょう、と言っている限りは、必ず一の方が九十九の力によって圧迫され、抑圧される結果になるのです。だから、九十九に対して一の方も大切にしろ、と言うためには、理屈として不合理ではあっても、九十九を捨てて一をとれ、と主張することになります。ここに逆説が生じるのです。これは何も、普遍妥当的な真理として、九十九よりも一の方がいい、と言っているのではないのです。しかし、九十九よりも一の方がいい、と主張していかないと、一が九十九の力によってつぶされてしまうのです。逆説とは、いわば、現実に対する悲しい抵抗とでも申せましょうか。言いかえれば存在しうる現実に対する抵抗としてのみ逆説は意味を持ちうるし、抵抗としての運動でないとすれば、逆説は仲間うちの隠語、愚劣な自己満足になってしまうのです。逆にまた、存在する現実に対する抵抗は、実際に抵抗として行なわれるならば、どうしても逆説的抵抗にならざるをえないのです。うまく矛盾のない行動をのみこい願うのでは、所詮抵抗たりえません。

たとえば、沖縄の人民が、今や「大和」を拒否する、自分達は日本人ではない、と言って日本を拒否する、という場合、それはまさに抵抗として存在する、と思うのです。これを我々「大和人」が、我々に対する抵抗として聞かずに、平面的真理として聞いて、そうですか、あなた方は日本人ではないのですか、外国人なんですか、それじゃあまあ別々にやっていきましょうか、などと言ったのでは、とんでもないわけです。それこそ長年にわたる沖縄差別の歴史はそういう神経に支えられてきたものなのです。米軍統治の時代には、我々は日本人だ、と主張することが、沖縄の人民にとって、逆説的抵抗であったのです。しかしそれが、普遍妥当的真理とみなされた時に、「復帰」路線へと吸収されっぱなしになってしまうので、今や逆に、沖縄人は大和人ではない、ということが強く叫ばれざるをえないのも、その逆説的抵抗の連続としてあるのです。我々「本土」の人間がそれを、我々のつくりだしている社会的な力に対する抵抗として聞かないで、普遍妥当的真理として聞くとすれば、我々は結局自らの存在に対して何も見ようとしていない、ということになります。

それにしても、九十九よりも一をとるのだ、と主張していく限り、数字的論理として一をもって九十九に抗うのですから、どうしてもつぶされざるをえません。その悲劇性を何とか克服する道がないかと思うのですが、抵抗というものがそういうものである以上、その積み重ねだけが歴史を転化させるものとなる、としか言えないのでしょうか。

（一九六九年八月）

少し違うもの

いささか誤解を恐れずに書くことにします。こういう話をすると、保守的な安逸さをそそのかすことになり、革新的な姿勢で活動している人の足をひっぱることになりかねないものです。しかしやはり言っておく必要はあることです。これはむしろ、革新的な活動をする者が自らの行動に対する自戒のことがらとしてお読みいただきたいのです。

今までは大学にいる人間はどちらかというと高見の見物で、世の中に向ってものを言う場合も、それが直接自分の足もとにはねかえってくることはあまりなかったものです。ところが今では逆に、自分の足もとの現実からゆり動かされつつものを言う以外には、ものの言いようはなくなってきました。そしてそれはよいことです。無責任なもの言いはできなくなりますから。しかしながらまた、そういう状況、つまり極端に言えば毎日毎日、何か大きな決断をせざるをえない、という状況の中で暮しておりますと、常に心の一面に暗いものをかかえざるをえないことになります。一つの決断をする、ということは、ほかの可能性を切って捨てることです。そこには、あれかこれかしかありえません。しかし、あれかこれかという形で問が提出される時に、それだけで割り切ることのできない何かが心の中でうずくのです。決断をして行動する時に、その決断そのものと直接には論理的に無関係でありながら、しかもその行動と密接不可分につながって生じてくる様々の事柄に関して、目をつぶるわけには参りません。正しいことと信じつつ毎日を大学を革新するために活動していても、そのために自分の指導する学生に有形無形の負担や精神的重荷が加わったり、大学構内に住んでいる同僚の先生達の家庭にいろいろ迷惑がかかったり、研究室の仕事も十分にできないので、その分だけ助手に過重負担がかかったり、という次第です。それとこれとは別問題であって、決してあれかこれかと言って並べるわけにはいかないことなのですが、しかもおのずとそうつながっていってしまう、ということも事実なのです。ましてそれが、全共闘運動のような集団的運動となると、もっとことがきびしくなります。たとえばバリケードの思想などは、徹底したあれかこれかをつきつけているので、そこには、自分にも他人にも妥協が許されない厳しさがあります。人間の生活の中には、バリケードに対する然りか否か、ということでは割り切れない、少し違うものがあるのです。しかも、バリケードが築かれる場合、そこに生活がかけられていってしまう。

もちろん、だからと言って私は、全共闘運動が提出するあれかこれかの問いかけを、ごまかして避けて通るのが正しいとは思いません。よく言われることですが、戦後の子供は○×式の教育で育てられてきているから、何でも単純化してあれかこれかで割り切らねば気がすまないのだ、などと教育評論家的に大学問題を眺めていて、学生運動の高まりを、単純化する子供の悪いやり方、とみなし、問われている問に直接答えようとしない教師の大人意識など、唾棄すべきものです。あれかこれかでは答えられない、諸君の問うているのとは違うもう少し別のことも考えねばならないのだから、などと言いつつ、すりぬけすりぬけ、ついには問題をごまかして何もしないでいる教師の姿は見あきました。やはり、決断しなければならない状況はあるのです。その時に決断しないのは、結局は、事態を無意識のうちに肯定したことになり、決断したのと同じことになるのです。しかも悪いことに、決断して現状の保守を肯定する場合には、その肯定に責任感が伴うのですが、決断せずに現状肯定をする場合には、自分は何もしないと思っているのですから、自分の無意識の決断から生ずる結果に対して責任感をもたないのです。本当は大きな責任があるにもかかわらず。

ですからここでは、決断をなした時に、その決断からこぼれていく事柄を問題にしようと思うのですが、それは、決断しないで眠りこむ者が、決断しないままに問題にすることは許されない問題です。責任をもって決断する者が、その決断に伴う痛みの幅をどれだけ持ちうるか、ということを問題にしたいのです。前置きが長くなりましたが、マルコの復活物語（一六・一―八）を素材として語ってみようと思います。いかにも唐突なつなげ方のようですが、この物語には右に述べた人間の状況と一脈相通じるものがあるのです。その相通じるものをここでは描き出したいのです。

復活物語と申しましたが、この物語を復活物語と呼ぶには多少躊躇をおぼえます。学者達がこれを「空《から》の墓」の物語と呼ぶように、墓もうでに行ってみたら、イエスの墓は空だった、という物語なのです。もちろんイエスの復活が話の前提とされているには違いないのですが、墓もうでに行った女達やその他の弟子達が復活のイエスに出会ったとか、声を聞いたとか、共に食事をしたとか、ましてヨハネ福音書のトマスのように復活のイエスの身体にさわったとか、そういう類の話はぜんぜん記されていないのです。イエスは復活した、ということを語るのですが、そのことの積極面を述べるのではなく、復活したのだから墓は空なのだ、ということが語られるだけなのです。この福音書の著者はイエスの復活に関してこの物語しか採用していないのですから、従ってこの福音書ではイエスの復活を積極的に描き出すものは何もない、ということになります。物語としてだけでなく、復活の宗教的意義づけや解釈も出てきません。復活者が世界宣教を命じるマタイ福音書の末尾、復活者が自らその意味を説明し、福音の解説をするルカ二四章などと比べれば、このことははっきりわかりましょう。もっとも、マルコ福音書の著者も多少の解説をつけざるをえないと考えたのでしょう。七節の句、「むしろ弟子達やペテロのところに行って、伝えなさい。かつてあなたがたに言われていたように、イエスはあなたがたを先立ち導いてガリラヤに行く、あなたがたはそこで彼に会えるだろう、と」という文はマルコによる解説的挿入です。墓が空だった、というだけではあまりに消極的なので、今も生きるイエス、という理念とマルコ一流のガリラヤ理念を結びつけ、ガリラヤ的土壌に生きるイエス、今もその生命がそこに生き続けているイエス、という理念をもう一度強調したかったのでしょう（これについては、拙著『原始キリスト教史の一断面』参照）。つまり、この福音書の著者でさえも復活について何らかの宗教的解説をほどこさずにはいられなかったのです。

そこでしかし、もしも七節のこの解説句をとりのけると、これはますます復活の喜びを示す物語ではなくなります。むしろ一種の哀調とでもよぶべき調子にあふれているのです。そう思ってこの物語を読み直してみると、次のようになります。——イエスの埋葬が行なわれたあと、安息日を一日休んで、次の日の早朝、すなわち、できる限り早い機会に、イエスをしたう三人の女が墓もうでに行く。それは、生前の思い出を確かめるために、せめて埋葬された場を美しくととのえたい、という気持でしょう。ところが、墓についてみると、自分達より先には誰も来ていないはずなのに、すでに墓の入口があいている。そこで女達は墓にはいる前から意外さ、いぶかしさをおぼえる。中にはいってみると、一人の若者の姿をした天使がいる。しかし肝心のイエスのなきがらが見あたらない。これは墓もうでに来た者にとっては、死別の悲しみを上ぬりする悲しみであっただろう。せめて遺骸にでも接したい、と思って来てみたら、それすらもなく、空になった墓が自分達を待ち受けていた。その戸惑いと不安に追い打ちをかけるように、天使が宣言する、「イエスはよみがえった、だからここにはいないのだ。」女達にとって、イエスの復活とはもはや墓もうでずら不可能にしてしまう出来事なのだ。生前イエスと接触したどの場所にももはやイエスはいない。その上に、今や墓にすらその姿は見られない。復活は死別の悲しみの上ぬりなのだ。そこで女達は墓から逃げ出す。「すっかりおののき、驚いてしまったのだ。そして誰にも何も言わなかった。何しろ恐ろしかったのだ。」——

もちろんこの物語は伝説的仮構なのですが、そういう話をつくり出す人々にはそれなりの現実がふまえられているのです。物語の語り口は当時の奇跡物語の常套的な表現手法によっています。こういう伝説や奇跡物語を好んで語るのは、無名の民衆です。もったいぶった宗教的思弁を展開することなどはできない代りに、重い現実感をたどたどしい民話の語り口で表現するのです。この人々も当時のキリスト教信仰をわけもった人たちにはちがいありますまい。従ってまた、復活信仰も当然のこととして受けいれた人々でしょう。しかし、復活について、当時の宗教思想の水準から見れば意義深い教理的説明がどんなになされようとも、この人々はそれだけではつくせない少し違うものを現実感として持ちあわせていたのでしょう。復活によってイエスは栄光の主となった、その栄光にキリスト信者はあずかるのである、とか、復活によってキリストは死の力にうちかったのだ、とか、洗礼を受けることによって信者はキリストの復活の生命にあずかるのだ、とか、復活がなければ信仰は空しい、とか、いろいろ説き聞かされても、それではすまない現実が心の底にわだかまっていたのでしょう。——何と説明しても、ついにイエスは死んでしまったのだし、もはや再びあの生きたイエスに接することはできない、という淋しい思いは決して消え去るものではありますまい。特に生前のイエスの声を親しく聞き、その姿を見た民衆の中の一人一人ならば、どんな高尚な宗教教理によっても、もはやイエスはいないというこの空虚感はぬぐい去ることはできなかったでしょう。確かにイエスは空しく死んだままになってはいない。あのイエスは力強く、常に生命として自分達のもとに存在し続ける、と彼等は、彼等こそは、確信していたでしょうが、それを宗教教理として表現してしまったのでは欠け落ちてしまうもの、少し違うものがあるのです。それを言いたいがために、この人々は、伝説的な物語を語り始め、まさに復活したというそのイエスが現実には永遠にもはや不在なのだ、という悲しさを表現しようとしたのでしょう。この仮構の物語はかえって強く現実の意識を反映しているのです。

彼等はこの悲しさの中に沈みきってしまうことはしなかった。彼等はイエスの生命力を知っていたし、それが自分達の中に生き続けていることもよく承知していたでしょう。ただ、その確信を理路整然とのべることによってけりがついてはしまわない現実感、心の片すみにしみついた空虚さをおよそ無視していられるほどに単純な神経をこの人々は持ちあわせていなかった、ということなのでしょう。これは、民衆的な宗教批判の方法です。現代の我々ならば、復活というような宗教的観念にことを吸収させるのは正しくない、と、真向から批判いたしますが、彼らは復活物語を語りつつ、その物語を喜びの物語としてではなく、死の別離を上ぬりするところの、墓とのつながりさえ断ち切ってしまうところの、悲しみの物語として語ることによって、かえって強烈に、復活というような理念によってかかえこむことのできないもの、親しい者との永遠の別離を語ろうとしているのです。どんな慰めの言葉を聞かせられても、この悲しみは現実に人を切りさいた悲しみですから、その悲しみが人々の言葉に対して、少し違う、という、少し、だけれども、強度に沈んだ感情を残してしまうのです。

このように、理論的に整然ととととのえて何かを語り、確信したとしても、それではすんでしまわない少し違うものの存在を私は大切にしていきたいのです。私は何も、ここで言う「少し違うもの」こそ人間を人間たらしめる根源的なものだ、などと言うつもりはありません。むしろ、これが人間にとって中心的なものだ、と確信する時に、そこからもれ、欠け落ちてしまう小さい、附随的な事柄だけれども、やはりそれが欠け落ちてしまうと、どうも心の中にわだかまりが残る、そういうものがある、ということを言いたいのです。そういうものを知っている、ということが、人間の現実を知っている、ということなのではないでしょうか。人間の現実の重々しさはそういう仕方でわきまえられるのではないでしょうか。

ただし、こう申したからといって、そういう「少し違うもの」を大切にするが故に、大きな決断を回避したり、大きな決断をする人をあげつらったり、大きな決断をせまる人を追い払おうとするのは正しくありません。決断すべきことは決断すべきなのです。それが歴史的行動というものでしょう。むしろ、「少し違うもの」を口実にしてこのような決断を回避する人は、少しどころか全然違う、ということになりましょう。「少し違うもの」を特別に扱っていく領域（たとえば宗教、あるいはよく言われる「実存」）などはありはしないのです。それこそが大切なのだ、と言ったとたんにおかしくなるような大切な部分がある、ということです。ここで私が言いたいのは、やむにやまれぬ歴史的決断をする人がはじめて、その決断からもれていく「少し違うもの」の痛みを知っている、ということなのです。そして、決断の中にあって、そういうものを忘れたくない、ということなのです。つまり、ここで言う「少し違うもの」は、痛みとして沈んでいく部分だ、ということなのです。

（一九六九年七月）

出来事としての生

イエスをどう描くか、その描き方によっておのずとそれぞれの人の人間に対する姿勢も明らかになりましょう。そしてどうも不可解なことですが、私達の姿勢をイエス主義であるとか、キリスト教ではなくてイエス教であるとかいって、誤解している人が多いのであります。キリスト教ではなくて、キリスト教批判だ、というとすればそうですが、キリスト教ではなくてイエス教だ、という言い方をする人の場合は、お前らは神の子キリストではなく、人間イエスを絶対化している、という言い方なのです。誤解というよりも、ためにする悪宣伝と言った方がよさそうですが、こういう誤解は結局、本気になってイエスの歴史的事実を探究することをしない人々の中に多く見られるようです。このような誤解もしくは悪宣伝をするのはそれだけの前提があるからでありまして、自分の持っている前提と同じ前提から出発して相手もものを考えているのだ、ときめてかかるものですから、相手のものの考え方が実は自分の大前提そのものを批判しているのだ、というところまでは気がつかないのです。つまり、私達をイエス絶対主義だと呼んで批判する人達は、古典的な神信仰との類推から私達の発言を判断しようとしているのです。御本人がそういう神信仰を持っている場合は、ある意味では、このような誤解もやむをえませんが——やむをえない、というのは、それでいい、というのではなく、あそこまで頭がこりかたまっていると、もはやほかのことは考えられないのだろう、という意味ですが、そういう人達だけではなく、自分ではそういう神信仰を持ってもいないくせに、人がイエスのことを語るのを聞くと、そういう神信仰の類型にあてはめて判断し、批判し、イエス主義ときめつける、などというのは思想的怠慢です。古典的神信仰の類型の中にあてはめて私達のイエスについての発言を判断する、というのはどういうことかと申しますと、「彼らは神について語らず、イエスを語る。とすると、彼らはイエスを神の代りにしているのだろう。イエスを絶対者とし、人間存在の究極的根拠とみなしているのだろう」という判断です。このように判断する人は、宗教というものは、もしくはキリスト教というものは、人間存在の絶対的根拠を与えるものだ、と前提しているのです。私にとっては、私の発言が宗教の範疇にはいろうとはいるまいと、そんなことはどうでもいいのですが、こういう前提を押しつけられるのは困ります。問うべきことはむしろ、そういう絶対的根拠が果してあるのかどうか、そのような根拠をたずねなければならないのかどうか、そのような根拠を想定してそれに基いて生きるのが正しいかどうか、ということです。私達はあくまでもイエスとの対話の中に生きようとする、これは非常に面白い意味を持つことだと思うのですが、しかしそのことは、イエスを絶対者とするとか、イエスの中に現われた絶対的な人間の原理を問う、というのとは違うのです。このことをもう少し説明してみましょう。

マルコがイエスを描く描き方がここで大いに参考になります。彼は決してイエスの中に永遠の宗教性だの根底だのを求めているわけではないのですから。実例として、一章二一節から二八節の物語をとりあげてみます。これは、マルコ福音書の序論的な部分が終って、イエスの活動そのものの叙述にはいる最初の物語です。内容は、イエスがカペナウムというガリラヤ湖畔の町で、安息日には会堂で「教え」をなした、ということと、ある安息日に、会堂に「汚れた霊」につかれた人がいたのを、霊を叱ってその人から追い出した、という、つまり、何らかの病人を癒した、という、その二つの要素を一つにつなげた物語です。マルコがこの物語をイエスの活動の記録の最初に持ってくることによって、この物語をイエスの活動の典型的なものとみなしていることは確かです。マルコがイエスを描いていく根本的な方針がここに示されているのです。この物語では二つの要素が交錯しています。イエスの「教え」と「奇跡」です。「教え」というのは、原始キリスト教がイエスの活動をいくつかの範疇に分けてとらえようとした、その一つです。従ってまた、すでにかなり抽象的な理念です。つまり、イエスの生きた個々の具体的な状況を超えて、一般的な意味を持つ、と考えられたものです。時間の限定を超越して誰にでも語りかける永遠の真理ということです。奇跡の方は、古色蒼然とした話ですが、従って私達にとっては一片の伝説にしかすぎませんが、マルコにとっては一つの具体的な出来事なのです。奇跡という一般的な命題にしてしまうこともできないもの、一人の人間が病気を癒されて健康になった、というきわめて具体的な出来事なのです。イエスにとって、もしくはマルコにとって、病気の治癒とは何なのか、というような一般的、抽象的な問題ではなく、具体的に一人の人間の健康にかかわることなのです。そしてこの物語の面白味は、この二つの異る要素を結びつけているところにあるのです。しかもマルコは、ただ単にこの二つの要素を並べているだけではないのです。両者を密接に結びつけて語ろうとするのです。つまり、イエスが安息日毎に会堂で教えるようになった、と言及したあと、人々は彼の「教え」に驚いたものだった、と述べます。この、「人々は驚いたものだった」というのは、実は、伝統的に、奇跡物語を結ぶ結びの句なのです。つまり、イエスの「教え」は奇跡と共通する意味を持っていた、と主張したいのです。他方、奇跡的治癒に言及したあと、これは「権威ある新しい教えだ」と述べます。つまり、両者を評価する評言を交錯させているのです。教えは奇跡的であり、奇跡は教えとしての意味を持つ、と。マルコはこういう素朴な文学的手法によって、原始キリスト教がイエスの活動を範疇に分けてとらえようとしたのを、もう一度全体的にとらえ直そうとしているのです。どういうことかというと、病人が癒される、というような具体的な出来事がそれ自体として読む者に語りかけていく力があり、他方、「教え」という形式をとった語りかけも、出来事となってはじめて意味を持つ、ということなのです。ですからマルコは、一言で言えば、出来事としてのイエスを書こうとしているのです。私はずいぶんあちらこちらで、イエスとは何か、お前はイエスを何だと思っているのか、という質問を受けますが、イエスとはこういうものだ、などといって一つの原理、一つの命題にしてしまって説明しきれるわけではないのです。イエスをえがこうとすれば、どうしても、一つ一つの出来事をつみ重ねて描いていくより仕方がありません。この出来事こそイエスの根本を示す、などという中心点があるのではなく、多くの出来事を徐々に物語っていくうちに、だんだんとイエスの何たるかがわかってくる、ということなのです。その何たるかがわかった上でならばうまく一言で表現できる、というのでもなく、それを言おうと思えばもう一度これらの物語を全部くり返さねばならない、という性格のものです。このような仕方でイエスをえがこうとしたのがマルコであります。いわば彼はイエスを出来事性においてとらえようとしている。

このイエスの描き方は、ある意味で、彫刻家の作業に比べることができましょう。木を彫るとして、彫刻家は一のみ一のみ削っていく以外になすべきことはありません。うまくバンと打ったら、作品の基本型ができあがっていた、などという魔法をつかうわけにはいかないのです。面倒なようでも長い時間をかけて一鑿一鑿彫っていかねばならないのです。その場合、多少の重要さの違いはあるでしょうが、この一彫りこそ全作品の根底をなすなどというものはないはずです。それさえあれば、あとはおのずと作品が仕上っていく、というような。そうではなくて、どの一のみも難しく、どの一のみも新たな心がこもるのでなければ作品が生きてこないのでしょう。そして出来上った時には、それぞれの一のみが自己の権利を目立って主張する、というのではなく、作品全体の中に吸収されてしまって、彫ったのみのあとを感じさせないものです。しかも、この作品とは何なのか分析してみよ、と言われれば、一のみ一のみの集積です、と答えざるをえません。よく画竜点睛と言いますが、あれは嘘です。すでに描いてある一筆一筆が生きていなければ、いかにうまく瞳だけ描いても竜は生きてきません。

マルコ福音書はこのようにしてイエスをえがいた試みなのです。そして、始めに申しましたように、イエスをどうえがくかは、同時にその人が人間をどう見ているかを示すものです。人間というものは、何かの原理に還元されるのではなく、一生の間生きていく一つ一つの出来事の集積なのである、という見方から、マルコはイエスという人をもこのようにとらえたのでしょう。けれどもこの見方は、イエス自身の人間観でもあったようです。イエスがこの物語の中で「権威ある者」と呼ばれたのは、イエスの人間観が与える印象をよく表現したものです。すなわち、律法学者のように律法の書に書かれた文字を権威としたのではなく、また予言者のように「神の言葉」、つまり自分の外にある究極者を権威としたのでもない、ということです。自ら権威ある者として語った、というのです。ということは、決して自分の主観を最高の判断の根拠とした、ということではありません。その時その時の出来事を迎えて、そこに自分自身の迷いと決断をかけていく以外に、その出来事の中に十分生きることはできない、ということなのです。出来事は常に新しいのです。その都度の新しい反省を省略して、その出来事をうまく処理できる永遠の基準がある、などと思ったら間違いです。その意味で、その都度の出来事に身を処していったイエスの姿を外側から眺めれば、「権威ある者」のように思えたのでしょう。

このようにして人間存在を出来事性の中にとらえていく、ということが私の人間観でもあるのです。その場合、私自身は彫刻家でもあれば、作品でもあるのです。自分の生を、そしてまた自分が参与する世の出来事を、一のみ一のみ彫り上げていく、というのが本当の人間らしい生き方です。その場合、一挙に百のみも二百のみも飛びこえて先に行く、というわけにはいかないのです。丹念に一のみ一のみ彫っていくことしかない。このように人間を出来事性においてとらえる、ということは、言いかえれば、人間をその歴史的広がりにおいてとらえる、ということです。歴史というものは常に新しく創造していくものですから。このような広がりにおいて人間をとらえてこそ、真に自由に生きる人間が生まれるのでありましょう。このように見てこそ、一のみ一のみに新しく生命がこめられるのですから。

このように申しますと、それでは単なる歴史主義もしくは相対主義にしかすぎないのではないか、と言われそうです。ある意味ではそうに違いありません。ありもしない絶対をもちこんだりしない、という点で相対主義です。公式的普遍妥当主義を避ける、という点で相対主義です。教条主義を批判する、という点で相対主義です。けれども、単なる相対主義ではないか、その時々の主観に従って行動しているだけではないか、ときめつけられれば、断乎そうではない、と申し上げます。そもそも相対主義という概念は、絶対主義の裏返しの概念なので、歴史的な出来事というのは、本当は絶対でも相対でもないのです。普遍的公式やら絶対的根底からでなければ、人間の根拠が与えられない、というのは嘘です。逆にまた、人間の行動の根拠は、かならずや絶対的根底であるはずだ、というのも嘘です。出来事性に徹することによって、そこから一つ一つの行動への「べき」が生まれて参ります。この「べき」は、絶対性を根拠とする「べき」とは異質のものです。彫刻の例を続けるとすれば、未完成の作品を前にして、それを完成すべく打ちおろされていく一のみ一のみには、おのずと、こうした方がいいという心が働くのです。そして新しく彫られる一のみがまた次の一のみを生んでいく。つまり、新しい局面を前にして、こうした方がいい、と強く言い切れるのは、過去の出来事とのいろいろな出会いを持っているからです。過去の多くの出来事が積み重ってきている地点においてこそ、次の出来事を迎えることができるのです。

これは単なる経験主義とは違います。経験が多いだけでことが足りるのなら、何でも午寄がよいということになりましょう。そうではないのです。ここで出来事との出会いというのは、いわば経験を質に高めるものです。単に過去の出来事を経験したというだけでなく、それが出来事としてどう生きていたかを見きわめ、共感することが出会いというものです。過去の出来事を生きたものとして把握できれば、自分の中に生きた共感が生れてくるのです。ですからこの場合は、自分が直接経験する事柄に限らず、他人の経験した事柄、ずっと昔の出来事なども出会うことができるのです。このような様々の出会いを通じて蓄積されたものから、更に新しい出来事の中へと次の一歩を踏み出すことができるのです。この新しい一歩は、過去のいろいろの出会いからの総合的類推とでもよぶことができるでしょう。これは事実に裏づけられているから強いのです。事実ほど説得力のあるものはありません。出来事性の中に人間をとらえていく者こそ、一つ一つの人間の事実の上に立って発言する者ですから、「べき」を言う時ははっきり「べき」を言い、拒否する時ははっきり拒否し、肯定する時ははっきり肯定するのです。しかもこのような人は、前に向う新しい一歩、今ここで出会う新しい出来事は真に新しいものだということを知っています。この新しさをはかる絶対的に確かな尺度などは過去の出会いからは得られないのです。そのような尺度ではかれるとしたら、それは新しいことでも何でもなくなってしまう。絶対的尺度できめつけられないもの、つまりわからないものがそこには残っているのです。それを知っているからこそ、自分自身に対しても、他者に対しても寛容でありうるのです。新しい未来に直面して不安であるのが人間です。その故に迷いもし、誤まちもし、誤まったかどうかもわからずに不安であるのが人間です。常に出来事の中に生きているからです。その不安な人間を暖かく承認できるのも、人間とは一のみ一のみ訂正しつつ彫りあげていくべき存在なのだ、と知っているからではないでしょうか。このような意味での出来事性の中に生き、かつまたそう生きることを呼びかけた人がイエスなのです。

（一九六八年八月）

立ちつくす思想

このところ必要があって、他の人々が描いた「イエス」を数多く読んでみたのですが、そういう書物の中で、古典的なイエス伝の主題、すなわち誕生物語や幼時の物語、或いは洗礼や誘惑物語、そして受難と復活の物語を中心として書いたものは面白くありません。面白くないのも当然で、これらの題材はほとんど伝説だからです。やはりイエスについて面白いのは、その生の歴史的事実なので、彼が強烈な個性をもって時代に語りかけた精神と行動が面白いのです。それに対して、誕生幼時物語、洗礼や誘惑物語はそもそも伝説であって歴史的事実は伝えていないし、たとえまた、イエスの誕生や幼時、また青年期の洗礼などについて、歴史的事実が知られたとしても、それはイエスを知るための補助的要素にとどまりましょう。また復活物語は純粋な伝説ですから、これは教団の信仰告白という角度からしか問題になりますまい。それに対してイエスの死はイエスを知るために重要な要素です。この場合でも、福音書に伝えられた「受難物語」は多く伝説に覆われていて、イエスの死の歴史的研究の主たる素材にはなり難いのですが、しかし、イエスの死そのものは、その生を理解するために重要です。古典的なドグマの場合、イエスの死だけを切り離して、それだけで教義的な価値のある事柄とみなしたので、受難物語は歴史的な事実を離れて伝説的脚色が強くなっていったのですが、歴史的にイエスを把握しようとする場合、この関係は逆になります。つまり、古典的なドグマの場合、イエスの生は「十字架」の死をもっている限り意味があった。いわば、彼は死んで復活するためにだけ生きた。だから、その生の事実は、「十字架と復活」の前に、いわば括弧に入れられてしまうのです。しかし本当にイエスを知るためにはこの関係は逆にならないといけません。すなわち、生の帰結としてのみ死を理解することができるのです。あのように生きた人だからこそ、あのように死なねばならなかった。死から生が理解されるのではなく、生から死が理解されるのです。このような観点からイエスを眺める時、イエスの死の評価にもまた新しい観点が開けてまいりましょう。

ここでは、イエスの死そのものについてではなく、それをめぐって伝えられた二つのせりふを問題にしてみます。福音書受難物語には二つの主題が交錯しています。一つは、「私の欲することではなく、あなたの欲することを」と言って、自分の死の運命を神の意志として受容していったゲツセマネの祈りの主題、他は「我が神、我が神、なんぞ我を見棄て給いし」という十字架上の叫びです。ゲツセマネの祈りの方は、いわば宗教的諦めの表現です。もっとも、これは決して消極的な諦めとして馬鹿にしてすますことはできません。人生の究極的なぎりぎりの地点において、自分におそいかかってくる出来事、もはや自分個人の力を圧倒的に凌駕するような出来事を神の意志として承認し、受けいれる態度です。いわば、生の条件を、従ってまた生を押しつぶす条件をも、最終的には神のこととして承認し、肯定し、身にひき受ける態度です。これに対して、十字架上の叫びは絶対的絶望と抵抗の声です。イエスの生は人間が肯定されるための戦いだった。その生のおしつまった究極の地点は、まさにイエスの存在が肯定されねばならない地点であるはずです。ところがその地点で逆にイエスは、十字架の上に、孤独の中で死んで行かねばならなかった。比喩的に言うならば、まさに神の道をたどろうとしたが故に神にすてられた、ということなのです。――もちろんこれは、あくまでも、比喩的に言うならばということなので、イエス自身が自分の活動を「神の道をたどる」こととして考えていた、というわけではありませんが。――だから死に際してのイエスの叫びは絶望の叫びであり、神の不在に対する抗議であり、神の存在そのものを拒否しようとする叫びであり、そしてこういう絶望の叫びをこの瞬間に叫ぶということは、自分を抹殺する力を決して肯定しはすまい、という抵抗の叫びなのであります。たとえその数分あとには息をひきとらねばならないとしても、その死を押しつけた力を、決して承認してやるものか、という叫びなのです。

この二つの発言が同じイエスの死の場面を彩るもっとも印象的な発言として伝えられていること、このまったく矛盾する言葉が同時に語られうるということ、それを説明することが福音書を読む者に課せられた一つの課題なのです。もちろんこの中一方は歴史的事実ですし、他方は後世の仮構であることは確かです。すなわち十字架上の叫びは――他の福音書ではとても十字架上で死んでいく人が語ったとは思えない伝説的な説教調の言葉がいくつも記されておりますが、マルコではこの絶望的なせりふだけが記されており、おそらく、イエスが実際に十字架上で発した言葉はこれだけでしょう。それに対して、ゲツセマネの祈りの場面が伝説的仮構であることは確かです。受難物語が教会において語られていく時に、あるすぐれた説教家がイエスの死にことよせてつくった創作に違いないのです。けれども、絶望的抵抗がイエスで、宗教的諦念の説教が教団神学であるからといって、そう区別しただけで、話がわかったつもりになるわけにはまいりません。問題は、絶望的抵抗と宗教的諦念とのそれぞれが人間にとって何なのであるかを知ることですし、その二つを並べることのできた福音書の著者の神経とは何だったのかを考えてみる必要があります。我々にしたところで、実はこの二つの極の間を行きつもどりつしていることが多いのですから。

以前に紹介したことのある不幸の思想家シモーヌ・ヴェーユがここでも一つの類推を我々に与えてくれます。すなわち彼女は、絶対的な不幸の場においてこそ神の愛を知りうる、という逆説的な発言をしているのですが、これは、右の二つの極を何とか一つにまとめあげようとする意欲から生れた考えであるのです。自己の存在が抹殺されるという条件の中で、それを絶対に承認するまいと抵抗しつつ、しかもその場において、「神の御旨」を承認する、という態度です。自らの存在が抹殺される、と申しましたが、ヴェーユの場合、これは大げさな表現ではないので、一つには、ナチスによるユダヤ人殺戮の中で辛じて生を保とうとしていたのがユダヤ人ヴェーユですし、一つには、ナチス支配によって祖国フランスが押しひしがれたことに対して、抵抗していくフランス人がずい分と生命を危険にさらしていった、その中で抵抗運動を志していったのですから。もっとも、ヴェーユが「神の御旨」を語っているからとて、この場合本当に問題なのは、神を語るかどうかということではないのです。

「神の」御旨というのはいわば一つの形容句であるので、思想の表現としての形容句にこだわって、思想そのものを見落すわけにはまいりません。このことはたとえば、ヴェーユが、「潔めの仕方——神に祈ること……神は存在しないと思いつつ」とか、「たとえ神が存在しなくとも神を愛する、ということを悟る……。もしも神が存在しないと考えつつ愛するならば、神は自らの存在を示し給うだろう」などと言う時(どちらも『重力と恩寵』より)、見事に表現されていることです。神は存在しない。しかも祈るという姿勢は放棄すべきでない。そこで「存在しない神に祈る」ということになるのです。このようなヴェーユの言葉は、不条理ということの何たるかをよく知っている者の言葉です。人間の生が不条理によって規定されている、ということは事実なのです。この事実から目をそらして生きようとするのなどは正しくない。つまり、その不条理の世界の外に出たところで人間が肯定される、などというのではないのです。そもそもこの世界の外に出るというようなことは不可能です。そして不可能を可能と思いこむことは、人生をごまかして生きていることでしかない。むしろ人間の存在を不条理と知りつつ、しかもそこに立ちつくすことに人間の真の存在を認めよう、というのです。このようなヴェーユの姿勢をよく表現しているのが「待つこと」という言葉です。この語はヴェーユが非常に好んだ語だと言われますが、それは右に述べたような姿勢を表現しているからです。「これは待つことであり、いつまでも続いて、どんな衝撃にも動揺しない、注意深い忠実な不動性である。」

　私自身は、やはり、宗教的諦念はあくまでも拒否します。しかし、宗教的諦念が常に常に語られざるをえなかった人間の状況までも拒否するわけにはいかないのです。確かに、安手の通俗的な宗教性は、ともすると好んで、「私の欲することではなく、神の欲することを」と口にします。しかしこればかりお題目のように繰り返して、御旨のままに、御旨のままに、と言っていると、実際には自分が腹の中にかかえている陳腐な一要素にしかすぎないものを、「神の御旨」と称して珍重する結果にもなるし、場合によっては人生を厭世的に放棄してあの世に希望をたくする態度ともなります。「御旨のままに」はそれだけ独立し、切り離して語られては、意味をなさないどころか有害です。これは、「何ぞ我を見棄て給いし」という絶望的な怒りによってたたきふせられねばなりません。しかし、宗教的諦念は、もしも透徹して語られるとすれば、少くとも、自分がいる場所はここ以外にはないのだ、ということを明確に見すえているものなのです。そして人間は絶望しているだけでは生きられない、ということとも。ですから、逆に、この絶望的な怒りの方だけをとりだして、ヒステリックに反復していると、何か安手のスタイルだけが売物みたいなニヒリズムにおちいるか、——ニヒリズムが悪いというのではないのです。ニヒリズムというものが、絶対的な意味とか、根源とか、救いとか、そういうものの存在に固執する絶対論者に対して、そしてそのような固執からいろいろと現実を裁断しようとする力に対して、そうではないのだ、と反撃する視点である限りは、これは当り前の主張なのです。だから、ニヒリズムは、絶対神、超越者の信仰に対する否定として出てくるので、西欧におけるヒューマニズム（文化史的な意味での）がその基底においてニヒリズムを包含する、というよりも、ヒューマニズムを貫ぬいていく先は必ずニヒリズムに行きつく、という理由はその辺のところにあるのです。しかし、安手のスタイルだけしかないニヒリズム的きざはいやらしい。——それとも、むしろ、教条的にはねあがって、絶望的な怒りが、絶望的でなく、怒りでもなく、それ自体としての真理として語られてしまうのです。そうなったら、体制的「真理」に安住する者よりも、ある意味では、もっと愚劣になります。怒りは、反抗は、反抗すべき相手との取り組みあいとして意味があるので、それ自体としての永遠の真理ではないのです。絶望的怒りが本物であるためには、「御旨のままに」と言って、不条理の規定を、それ以外にありえないものとして受容していく、その目の透徹さの意味を理解した時です。つまり、逃げ出さないで、目をつぶらないで、絶望の場に立ちつくすということです。ヴェーユの「待つこと」というのは、私の言葉で直せば、自分の存在を限界づける壁の前に立ちつくす、ということです。

およそこのような壁に直面した時に、とりうる態度は三つあります。理性的な人間ならば――というよりも、近代的合理主義の意味で合理的な人間ならば――このような壁と力くらべすることの愚を悟って、さっさと逃げ出すでしょう。余計な苦労はしない。人間存在をぎりぎりの点まで押しつめてみて、その存在の権利を主張しよう、などと試みれば、必ず自分の方が傷つくものです。利巧な人間は傷つくような危険な場所には出入りしない。その結果あまり人間らしくもない、というだけの話です。詩的な人間は、これに対して、壁にぶつかった時に、壁の向う側におのずと通りぬけられるかの如くに夢想する。壁は固く立って動かないにもかかわらず、まるでそれが空気にでもなったように夢想して、あちら側の世界を薔薇色に描く。薔薇色は美しくても、夢想の世界では仕方がありません。それに対して、第三の人間は悲劇的人間とでも名づけましょうか。壁の前から逃げ出すことはしない。

また、できもしないくせに通りぬけたと夢想することもしない。そして、そこに壁があって人間の存在を限界づけているという事実に、無限の憤りと悲しみを感じるのです。この壁はうち破らなければならない。だから彼は動かない壁の前に立ちつくす。動かない壁を押しつくす。そしてそこに立ちつくすことにこそ人間の高貴さを知るのです。このような人間の思想が立ちつくす思想です。

だから、立ちつくす、ということは、決して消極的なたたずみではありません。怠慢なあぐらではないのです。むしろこれこそ積極的な革新の姿勢ではありますまいか。これこそが挫折を克服しうる思想ではないのでしょうか。動きそうもない巨大な不条理を前にしても動かずに立ちつくす者であればこそ、ついにはその壁を崩壊せしめるのではないでしょうか。社会的矛盾の壁を前にして、相手が倒れるまで押しつくすのではないでしょうか。それは決して、根源的には動かぬ壁ではない。いつかは転倒しうるものです。しかしそれには長い時間がかかる。多くの場合、人間一人の短い一生の間には、社会的矛盾はなかなか解決へむかって動いていないように見える。人間一人の一生どころか、何世紀も動かないこともある。しかしそれを動かすのは押し続ける者達の力です。一七八九年に革命の歴史の火ぶたを切ったフランスの民衆は、一世紀後のパリ・コンミューンにおいて民衆の革命が何であるかを提示し、さらにまた一世紀後のこの五月に、また再び押し続けているのです。彼らの革命の伝統は二世紀もの間、真の民衆の世界を目ざして叫び続けているのです。無名の民衆が立ちつくし、叫び続ける。

このように、立ちつくす思想は息の長いものです。詩的夢想の純粋におぼれるのではないから、手をよごすことを知っている。教条的にはねあがる連中は案外詩的であって、簡単には動かない壁を前にして、結局は自分個人の思想や行動の純粋性を守ることにのみ専念し、いたずらに鋭角的に、閉鎖的になって、短気に壁の向う側にかけぬけようとする。かけぬけられたかと思う。自分のみはかけぬけてしまったかと思いこむ。しかしまた、「はねあがり」を批判することで辛じて自分の存在意義を示しうるかと思っているような疑似左翼の連中はもっといけません。彼らはすぐに、壁の手前に安住することを覚えてしまう。我々もまた、むしろ、壁の向う側にかけぬけようとする者です。ただし、かけぬけようとすれば、ぶつかって、通りぬけられないことを知っている。だから何度でもかけぬけようとしてぶつかるのです。真に社会を転倒しうる者は、「待ち」、立ちつくし、押し続ける者です。自分の生の基本的なたたずまいにおいて「待つ」ことを知っている者ならば、自分の一生を棒にふっても、次の世代のために新しい社会を待つことができるはずなのです。

（一九六八年七月）

〈追記〉これはフランスの五月革命直後に書いている。それに寄せる思いが背景にある。と同時に、「立ちつくす思想」という発想そのものも、そして、この文の主たる内容も、一九六七年の十二月に、国際基督教大学のクリスマス講演として話したことである。その頃、あの大学では、六七年四月の能研闘争に対する極度な弾圧、在学生の六パーセントが処分される、という弾圧のあと、何とも言えない沈鬱な雰囲気が全学を支配していた。その中でクリスマスに、学生諸君に何を語ったらよかったのか。言葉を口にするのも重いような学生達に、クリスマスだからあえてイエスの死について語ろう、と語ったのがこの話である。もちろんそこでは、もっとよほど多くのことを語っている。大学論、学問論からはじめて、ヴェーユの詳しい紹介、そしてここに記したようなことにふれた後で、当時学内で問題になっていた能研テストに反対する視点、受験料値上げの問題、さらに今から考えればずい分浅い視点だったにせよ、沖縄「返還」の問題などに言及しつつ、いわばその際の基礎的な姿勢としてこの文の主張をすえていったのである。その翌年のクリスマスには、すでに大きな闘争への胎動が豊かに息づいていた。

文章は相当程度書き直した。最初に発表した時は、「絶望的反抗」と「宗教的諦め」の相矛盾する両者を同時にかかえ持つことによって、両者を克服していこう、という並列的な発想が、ここに書いたよりまだ強すぎたのである。だいたい六九年はじめまでの『指』の拙文は、第一次『指』の主幹者であった赤岩栄の発想、つまり二つの対立する極をすえて、そのどちらもとらず、しかも両者をつつみこむ、という発想を意図的に継承しようとしすぎている。それは弁証法的な発想ではあるのだが、多くの場合、方法の形式性に依存しすぎて、話をうまくもっていきすぎており、つまり、自分はどちらにも片寄らず、中庸なのだ、というだけのことになり、表相の中和でことをすまして、つっこみが浅くなる。だから赤岩栄の場合、説教的呼びかけにはなっても、それ以上には出られないことが多い。しかし自分としてはそこは何とかぬけ出るように努力すべきだったので、そこがこの文の欠点である。この再録に際してはかなり修正したが、語調を変える程度のことで、発想の弱点まで全部改めることはしていない。本当は、「宗教的諦め」を克服した先に絶望的抵抗があるのであり、そして絶望的抵抗を絶望せずにどう続けるか、ということが課題なのである。また、ヴェーユの「待つ」と自分の発想との相違も明らかにする努力をすべきであった。しかし、いずれにせよ、ここで、「立ちつくす思想」という表現で主張している姿勢は、いまだに自分の基礎的な主張だと思っている。

第二章　思想・知識・知識人

知識人論への一視角
——谷川雁をめぐる——

I

むしろ最後には、言葉にならない悲しさが残る。だから、谷川雁について評論的に書くことは気がすすまない。確かに、彼の書きちらした調子のよすぎる文章を読んでいると、一もんちゃくも、二もんちゃくもつけたくなるのだが、しかし他方、彼の九州での闘いの期間の伴侶であった森崎和江が彼と共になした闘いの、また、彼との愛の関わりの道行きの、長い記録（『闘いとエロス』三一書房）を読む時に、私も黙って彼を見送りたくなってくる。彼の公表した四冊の評論集は、いわば彼にとって恰好よく言葉にできる部分だけが言葉になっているので、そういう言葉になってうかび上った表層と、その後「東京に行って」重役になって、もの言わなくなった現在の彼の像とをどうしても意識して見くらべ、その間の落差を問題にしてみたくもなるのだが、森崎の記録の中に出てくる谷川の方は、生きている息づかいが聞こえるようであるので、その最後の頁に彼女が、「（谷川が）東京で重役になったからって逃げたとでも思うの？　他人の痛みを推量もできずに甘えなさんな。わたしはそう言った……」と記してペンをおいた、その気持に共感せざるをえなくなる。確かに、そこに痛みがあればいい、ということでは話はすまない、とは言える。私だって苦しかったのですよ、という言葉を我々が口する時に、それはともするとと自己弁護の響きを持つ。しかし彼のその苦闘のあとをたどってみると、右の森崎の言葉には実感がある。大変だったでしょうね、もうゆっくりと、沈黙の中に身を安めて下さい、と言いたくなる。

だからここで彼をとりあげるのは、今の彼の沈黙について直接何かを言うためではもちろんないし、また谷川雁論を展開しようというためでもない。「知識人と大衆」という問題について、彼がその四冊の書物で展開した視点には、我々もまだいろいろとこだわっておく必要がある、と思うからである。

実際、しばらく前までは、六十年前後に強く訴えかける力を持った思想家、「東京へゆくな」と実に鮮明な説得力をもってうたった詩人として人々の注目を集め、またその彼が今では沈黙してしまったということで、その沈黙の理由も人々の心に問題意識をなげかけていた人であるのが、最近の二十歳前後の若者達に、「谷川雁の原点の思想の問題点は……」などと話をもちかけると、「知らないな、そんな人。ああ、昔の左翼が重役になって組合を弾圧したっていう記事読んだっけ。興味ないよ、そんな週刊誌的な話」とくる。十年は文字通り一昔だと思うのだが、現在の我々こそ、言葉にならない悲しさで彼を見送らざるをえない地点まで、その描いた軌跡をたどり直してみる必要はあるだろう。「知識人と大衆」という課題は、さらに強く今の我々を問いつめてきているのだから。

その森崎の記録の最後にこういう話が出てくる。大正行動隊を組織して、大正炭鉱の反合理化闘争を闘った労働者の一人が、最後にはつぶれていって、一人一人が失業という事態に重く直面せざるをえなくなったころに、夜、谷川の住居に押しかけてくる。谷川を殺してやる、というわけだ。「やめろ、話をしたら分る」という彼に対して、「話？　きさんの話が信用さるるか。きさんのことばが信用さるるか。おまえ自身が信じきらんことばを、おれが信じられるか」とたたきつける。――「大衆に向っては断乎たる知識人であり、知識人に対しては鋭い大衆である」道をつらぬこうとした谷川にとって、この言葉はきびしかっただろう。いわゆる知識人文化人を十把一からげにして相手にまわし、自分こそ炭鉱労働者や貧農の「生活語」をお前らにつきつける「工作者」だと誇っていた谷川に対して、当の仲間の労働者が、お前の言葉などもう信用しない、と、断絶を宣言する。――お前を殺したとて仕方がないけれども、一つだけは約束しろ、と労働者が言う。「あんた、二度と労働者ちゅうことばをいわんでくれんの。労働者ちゅう言葉をいわんでくれ……。そして二度と労働者の前に面だすな。」

私は何も、この話を引用することによって、谷川雁の労働者との接触が底の浅いものだった、などと言おうとしているのでない。むしろ、これだけの憤りの言葉をぶつけられるところまで、むきだしに労働者の実在と知識人的な活動とを相互浸透させようとした人物はそう沢山はいるまい。戦後二年間ほどつとめた西日本新聞の記者を、闘争の結果くびになり、以後共産党のオルグとして北九州の炭鉱地帯で活動、また肺結核の治療などで故郷の南九州の農村地帯で数年すごす。そのあと五八年九月から六〇年六月まで、全九州のサークル活動家を結集して、雑誌「サークル村」を発行しつつ、安保闘争、三池闘争に関わり、安保直後、右に言及した大正行動隊を組織し、さらに後退戦を戦っていく。

その中で常に、革命家の原点として、「幼年時のやわらかい鼻がおぼえている子守女の髪に紡績女工の匂いをかぎ、手製の木舟の肌触りに坑夫の恋心を探すがいい。それができなければ、せめて唇に漁夫の尻上りの発音を、耳に納屋の夜の物音を」と主張しつづけたのが谷川雁という男なのだ。それだけの男であるからこそ、その十数年の活動の総決算として、かえって、彼自身が思想的には彼の活動の原点としていたはずの当の炭鉱労働者から、「お前はもう労働者という言葉を口にするな」と言われねばならなかったのである。当の労働者からこのように言われたからとて、それだけで直ちに、谷川雁のそれまでの十数年間の活動の破産宣告だ、などと思いなすつもりは私にはない。個別闘争が敗北していく状況は、もっと根底的に、大状況の中での個別闘争の位置づけということから見られなければならないので、決して、その闘争の指導的な位置にあった一人の思想家の個人的な破産といったようなことに還元されてはならない問題であるし、他方また、ことを一人の知識人の行動という視点から見るとしても、これはむしろ、そういう言葉をついに、最も近い仲間のはずであった一人の労働者から言われざるをえない地点まで肉薄しえた、ということであろう。これはまあ想像にしかすぎないけれども（直接その現場に居あわさなかった、という意味で）、この労働者が怒ったのは、いわば、ふれられると痛むような深部にまで手を入れてふれられたような、という感じで谷川が「労働者」を語り続けている、と感じるようになったからであり、だからこそ、「お前はもう労働者という言葉を口にするな」と叫び出さざるをえなかったのであろう。逆に言えば、谷川はそこまで肉薄しえた、ということである。そして、こういう類の肉薄を具体的に長年月かけてなした知識人はそう人勢いるものではないし、従ってまた、今後も、こういう形での試行錯誤は数多く（たいていは人に広く知られないような仕方で）くり返されざるをえまいし、また実際にくり返されることだろう。

そういう意味で、これは決して、谷川雁の思想的破産などと言ってすませられるような事柄ではない。彼の現在の「沈黙」は、かつての活動家の転向した姿ということであるよりも、むしろ、その十数年の活動の直接の帰結であるように思える。実際これは大変な問題なのである。ここで谷川のところにどなりこんで来た炭鉱労働者に典型的に示されているような生活の実態には、重い現実がある。その重さを知れば知るほど、その描写を思想の言葉を語る場合の中心にすえたくなるのも無理はない。しかしまた、そういう方向でどんどんやっていくと、谷川雁のように、何か意気高らかに、そこのところを「原点」としてうたいあげてしまうことになる。そしてそのようにうたいあげるということは、右に比喩的な表現を用いて述べたこと、つまり、ふれられると痛むような深部に照明をあてて踏みこむような行為になってしまうのである。うたいあげる方は意気高らかでいいけれども、そういう現実を背負って生きている方はそうはいかない。つまりそこは、これを知らなくて人間がわかるか、という重い部分、従ってまた、決して手離してはならぬ部分でありつつ、同時に、何とかしてそういう重荷を背負っていることから脱却したい、もっと身軽になりたい、と願わざるをえない矛盾する部分なのである。だから、そこを高らかにうたいあげる者に対しては、もういいから黙っていてくれ、と言わねばならないし、他方しかし、そこは黙って手のふれぬ深部に隠しておくべき尊い部分だ、などと言っていると、不当な現状維持に陥って、労働者の自己克服の戦いは出てこない。そしてその矛盾は、労働者自身が、しかも個々の労働者だけではなく労働者総体が、しかも同時に個々の労働者一人一人が、自覚的かつ自立的に克服していかなければならないような類の事柄であり、気の遠くなるほど遠い道のりの事柄でありつつ、すぐ目先のことである。だから私は、谷川雁のようにではなく(彼は、後述するように、結局は「オルグ」として労働者を「組織し」「指導する」という位置にいた。彼のあまたの言葉にもかかわらず)、知識をなりわいとする者の自らの生活の規定性ということにもっとこだわっていこうと思う。ということはしかし、谷川雁の試行錯誤から大いに学ぶものがある、ということでもある。

II

以上むしろ、森崎和江の描く谷川雁の像にこだわってきた。これを背景としてみる時に、彼自身が書いて公表した四冊の評論集(一九五八年『原点が存在する』、一九六一年『戦闘への招待』、一九六三年『工作者宣言』および『影の越境をめぐって』――以上いずれも現在は現代思潮社刊)におさめられた文章は、思想的に考えぬかれて鋭く構築されたものであるよりも、むしろ、その都度の活動から出て来る高揚した叫び声として、つまり、一種の活動の記録として、闘争の歴史として読んだ方が正しい、ということになる。ここでは内容にふれず表題だけ列挙するけれども、警職法闘争を、政治的な大状況からのみいきなり解説してしまおうというのではなく、その闘争が彼のいた一地方でどのように生活する人々の質となっていったか、もしくはその質から闘争がどのように規定され、かつ限界づけられていたか、を具体的に報告した「何が警職法を破ったか」にはじまって（『工作者宣言』所載――なお『工作者宣言』は発行は一九六三年だが、それまでの既発表の文章を集めたもので、たとえばこれは一九五九年の文である。同じ六三年発行の『影の越境』と比べると、執筆時期の相違からくる質の相違は明らかである）、三池闘争の一つの重要な記録とも言うべき「私のなかのグァムの兵士」や「定型の超克」その他の文章（どちらも『戦闘への招待』所載、ただし前者について一言すれば、せっかくの三池闘争に関するすぐれた発言が、グァム島にかくれて戦後十五年生き続けて来た二人の兵士の発見というジャーナリスチックな出来事との比喩的類推におかれた結果、ずい分と意味を減じてしまっている。六十年安保の時に二人の兵士がグァム島で発見され、七十年闘争の弾圧強化の時期にまた一人発見された、というのも偶然にしてはできすぎているが、その後者の「横井さん」の例を知った今では、谷川雁のように、三池闘争の本質にひきよせてグァム島の二兵士を論じようとするなどは、詭弁的なつなぎあわせを好む典型的なジャーナリズム的評論、としか言えない。しかしそのことによって、この文章の前半で谷川雁が三池闘争に関して直接展開していることの内容まで抵く価値評価されるわけにはいかない。この文章が、三池闘争を知るための重要な文献の一つである、ということは確かなのだ）、三池闘争崩壊後の大正炭鉱での闘争で、既成労働組合の枠組を越えた闘争を展開しようとして組織された大正行動隊にふれた「民主集中制の対極を」、「越境された労働運動」（どちらも『影の越境』所載）、その他の文章は、闘争の実際の場から出て来た叫び声として、しかもそれが事件羅列的な報告に終るのではなく、より普遍的な問題意識につながっていくものとして、今日なおいくたびもひもとかれる意味がある。またそれに関連して、そこに出てくる日本共産党批判(たとえば「乗り越えられた前衛」「前衛の不在をめぐって」、どちらも『戦闘への招待』所載)は、その論点、視点は、今日ではすでにかなり広く定着した認識となっているもので、今日の眼からは目新しい批判とは言えなくても、それが、そういう認識を広く定着させるのに率先して指導的な役割を果して来た人物の一人である谷川雁によって書かれたものであり、かつまたそれは、長年の間党員活動家として苦労してきた人物、それも、若い頃には党に対して乙女のような恋心をうずかせ、

「それから、党と呼んでみる
村の娘を呼ぶように
形容詞もなく静かにためらって」(「帰館」より、『谷川雁詩集』所載)

と詩にうたった人物がつきつけていった批判であるだけに、それこそ「新左翼」の「原点」の一つとしてふさわしい評価が与えられるべきだろう。

こういう彼の姿勢は、また、彼が戦後民主主義を率先して批判していった世代の思想家である、というところにも現われる。たとえば、戦後民主主義の「自由」の理念の虚妄さを批判しつつ、「僕ははっきり警告しておく。幻想を棄てるがいい。僕らは国民的規模においては戦う自由以外のどんな自由をも持たないのだ。僕らのもたない『表現の自由』、それに向って『戦う自由』……これこそ詩と政治を反応させる触媒である」(『原点』一四一頁)

と述べ、さらにそこから展開していって、

「だが詩人というものは世界全体が解放されないかぎり決して自分自身もしあわせにならない、とは宮沢賢治のテーゼである。裏を返せば、詩人は決して自分自身をすでに解放されたものとして規定してはならない。自己救済が完了したという観点に立つ者はどのような意味でも詩人ではない」(同一五二頁)

と言い切る場合、それはまったく正しい、と言わねばならない。もっとも、意地悪く批評すれば、谷川雁はこのせりふを詩人についてしか言えなかったから、彼が詩人であることをまずやめ、ついでその数年後にものを書くことをやめた時に、このせりふもけしとんでしまったのだろう、と言えるかもしれない。実際、これは詩人たることの資格というようなことではなく、現代に生きているどんな人間でも、自分自身をすでに解放された者として規定してはならないのだし、自己救済が完了したなどと思いこんではならないのであって、かつまた、そういうことは本質的にはできはしないのだから、そう思いこむ者は事実に反して思いこんでいる、というにすぎない。しかし、こういう意地悪な批評を別とすれば、このせりふの言っていることはまったく正しいのである。

これらのすぐれた文章に比べて、理論的な構築をなそうとした文章は、観念のゲームとでもいった趣の思いつきの羅列で、無残としか言いようがない。彼の一種の理論的な総括とみなしうる「日本の二重構造」(『戦闘への招待』所載)、ナショナリズムの問題を扱った「インターナショナルの根」(『影の越境』)などは、理論的な諸概念がその頁、その頁の思いつきで次から次へとおよそ位相の違う内容に結びつけられてとびはねており、しかも本人は、同じ概念を一貫して用いているつもりだから、統一した思索を展開している気でいるので、読んでいておよそ退屈なのである。もちろん、理論的な文章の中でも、たとえば鶴見俊輔グループの転向論を批判した「転向論の倒錯」(『戦闘への招待』)などは、今日でも転向論を論ずる場合には必読の文章だと思うけれども――つまり、鶴見が転向を定義するのに、「思想体系の中心部には、それらの思想をかえることがその思想体系全体に影響をあたえる思想の群」というものを基軸にすえて、「単一の集中点としての共産党への忠誠か否かという転向基準を、このような複数の地点での方位決定へ引き直すことによって、新しい角度を得ようとし」た、ということを高く評価しつつも、さらに、そこで思想と言われているものにもう一歩つき入らなければならない、と批判を加え、今の時点で思想をうんぬんするのならば、「世界観の頂部よりもむしろその認識論的土台(大衆・人民)にきびしい基準をつきつけるべきではないか」と言い、思想領域における転向というものをより鋭く、「どのような程度に反権力の姿勢をとりつづけようとも、おのれの世界観の維持に思想外的な基準をいささかでも導入するならば、それは思想領域における転向のモデル・ケースである」と一方では明晰に言い切りつつ、他方では、「そもそも思想の領域でない転向がある。それこそが固有日本的な転向であり、すべての転向のなかにその要素はふくまれている」と視点を広げて論じ、「転向という名の前転向、非転向という名の転向を現時点で論じる意味はそこにある」と結んだ文章は、吉本隆明の「転向論」と並んで、同時期のすぐれた転向論として高く評価すべきである。

けれども、全体として見れば、彼の理論的な文章は概念が踊ってしまっていて、どうにもならない。そしてこのことが、谷川の活動の中心的な課題であった「知識人と大衆」という問題が、ついに谷川の中で亀裂のままに終った事実に批判的につき入るきっかけになるはずである。

一つには、谷川雁の場合、素材の場所的性格に百パーセント依拠してしまった、ということである。これについては二点指摘しうる。第一に、やや距離を長くとれば、結果としてみれば谷川の発言は闘争の高揚期にしか語られていない。闘争の高揚期には生き生きとした素材があるから、生き生きとした発言ができる。けれども、素材の生命力をただ直接的に表現しているだけでは、言葉はついに状況のうつろな鏡に終るだけである。すなわち、素材の生命力が減少し、衰えた時には、言葉もそれと共に衰える。状況が好転している時にはものが言えても、圧殺されていく時にはものが言えなくなる。しかし、やや誇張した言い方をすれば、状況の調子がいい時には、無理にものを言わずとも動けばいいので、必要なことは、後退期に素材の傾向に抗して何が言えるか、ということなのだ。もしも言葉が真に力を持ちうるとすれば、表相では歴史が何も動いていないように思える沈滞した、持続する状況の中で、なおかつ語りうるものを持つ時である。谷川雁が六十年安保後の低迷期に書いている『影の越境』（六三年発行）が、全体としては、失なわれた過去に対するくりごとめいて、これがあの「原点が存在する」と生気にあふれて歌いあげた同じ著者の文章か、と悲しく思えるほどに平凡なのも、理由はそこにある、と言わねばならない。大正行動隊がつぶれていった時期を、森崎和江は右の書物の中で、「一人一人が失業という事態に重く直面せざるをえなくなった」と述べているけれども——

こういう状況は、大正行動隊というような個別闘争をになう集団だけで克服できるわけではないので石炭産業の「合理化」という全体的な状況、さらにはより広く「合理化」一般の状況に規定されている。従って、大正炭鉱における谷川雁らの戦いを、それが敗北したからとて、低く評価するわけにはいかないので、少くとも、問題の射程と闘うことの意味を深く示したものとして高く評価すべきであるが、それはそれとして、その時点の全体的な状況の中では、ついに一人一人が失業という事態に重く直面せざるをえなくなる。我々は闘争においては強く連帯しえても、失業という事態に直面するのは残念ながら一人一人としてなのだ。失業というものがなかんずく資本制社会の事態である限り。そして、失業においてはそのことが最も顕在的になる、ということなので、我々の日常生活には、常に、この資本制社会の力に規定された分裂が潜在的に支配している。――高揚期の生き生きとした素材にのみ依拠しすぎていると、こういう事態においてはものが言えなくなってしまう。

我々の谷川雁に対する批判の第二点は、いわば第一点のさらに基礎的な側面であるけれども、谷川の文章に魅力があるのは、労働者、農民の生活から多く直接に素材をとって語り出しているところにある。彼の「原点」はそこにある。しかし逆に言えば、北九州の炭鉱、南九州の農村を離れれば、彼は言うべき言葉を失ってしまうのである。「原点」が場所的に固定された結果である。

このことに対する批判はすでに他のところで詳しく展開しておいたので（『批判的主体の形成』三一書房）、ここでは言及するだけにとどめるが、一、二補足しておくと、たてまえとしては彼も、このように場所的に固定された素材を直接的にうつし出せばいいと思っているわけではなく、彼の提唱する

「工作者」なるものは、「大衆と知識人のどちらにもはげしく対立する」はずのものである。ただその場合、大衆に関しては、「大衆の混沌たる、いわば不条理とも見える無政府的な魂に惚れ」るべきなのであり（『原点』二六、五六頁）、だから大衆に対してなすべきことは、その沈黙を表現へとひきだすことだ、というのである。もっともそれは、決して、大衆をして知識人の言葉、谷川の言うところの「組織語」を語らしめることではない。「もし彼（大衆）が不用意にこの敵の組織語で構成された味方の通信に近づけば、まだ言葉の殻に入っていない実在感覚の大部分は傷つき、削り落され、相手の掌中に握られてしまう」（四六頁）。従って、大衆が表現を獲得するということは、彼らの「生活語」で組織語をうち破るという意味において、その沈黙を表現へと変化させることである（五六頁）。――これは、知識人の言葉がともすると虚妄なものになり易いことに対して、直観的な懐疑をもらした主張である。そしてその限りにおいて正しい。しかしその懐疑をただ裏返しにしただけで、大衆の「生活語」を絶対視するのは正しくない。

たとえばこの「組織語」と「生活語」という対立概念にしたところで、言語そのものの本性に対する考察はぬきにされている。言語はその本性において抽象するものであるので、それが言語の長所でもあり、問題点でもある。ごく即物的な単語でも、たとえば「手」なら「手」という単語でも、すでに相当程度の抽象が行なわれているから、いろいろ異なった人の手を、さらには獣の前足まで、同じ「手」という単語で表現しうるのである。こういう抽象性があるからこそ、言語は広く意志の疎通を媒介しうるのであり、さらに、より広い範囲の意志の疎通をはかろうと思えば、それだけますます言語の抽象性の度合は高くなる。いかなる「生活語」であっても、それが共通の生活の場を持っている人々の間にのみ通じる言葉から、その生活の場の持つ意味を違う場にいる人々にまで伝えうる言葉にまで拡張する時には、たとえ同じ語を用いていても、抽象性の度合が段違いに異なってしまう。だから、谷川の概念にのって議論するとしても（谷川の概念の並べ方の問題点にはすぐあとでもどって来る）、「生活語」によって「組織語」をうち破ったとたんに、その「生活語」の方が自ら「組織語」になってしまう。必要なことは、自分達の言語が抽象化していく作用に対して、言語を放棄することによってでなく、その中に常に生活の事実を（「生活語」ではない）くりこんで行って、自分達の言語が体系的に完成するのを破壊し続けることである。我々は言語を放棄して生きるわけにはいかないが故に、言語の抽象性に対して否定克服する作業をも、恒常的に反復してなさねばならないことになる。それは決して、「組織語」と「生活語」に言語を分類して、一方を否定し、一方を肯定する、といった簡単な問題ではない。

谷川が組織語と生活語ということで論じている問題領域のほんの一端ですら、たとえば右のような考察（もちろんこれだけではあまりに不十分だが、ここでは言語論を全体的に展開するつもりはないので、せめてこの程度だけでも）を必要とするのに、谷川は非常に図式的に分類して、ことをすませてしまう。その結果、「知識人と大衆の双方に対立する」と言いながら、知識人に対しては、全体否定をもってのぞみ、まるで知識人なるものは生活も胃袋も持っていない化物であるかの如くみなして軽蔑し、他方、大衆に対しては、その生活はまるごと肯定し、ただ、大衆が「沈黙」していることに対して、「生活語」を普遍的な言語にまで高めよ、とけしかけることになる。

この点が違うのである。生活している大衆にとっては、自分達の生活は決して丸ごと肯定できるものではない。そこには常にうめきがあり、重苦しさがある。資本制社会における大衆の生活は、だから、常に、脱出の希求を生み出す。従ってまた、あなた達の生活をそのまま「生活語」として語り出せ、と言われても、確かに一方では、そのことによって、今まで十分なしえなかった「組織語」の虚妄性をつくことができ、その故に、はじめのうちは意気軒昂にやれるのだが、やがて、そのようにして押し出していく自分達の言葉自体が虚妄になっていくのに耐え難くなり、かつまた、自分達の生活を丸ごと肯定することのできない部分は、その部分が存在することがすでに苦痛であり、重苦しいのであるから、その部分をも含めて自分達の生活を丸ごと「言語」として露出することを続けていくと、さらに痛み出すのである。そして、「一人一人が失業という事態に重く沈黙せざるをえない」状態において、この部分が強度に顕在化すると、いや、そこまでいかなくてもその手前ですでに、やがて再び沈黙の中にしずむことになる。大衆の生活を丸ごと肯定できるのは、当の大衆ではなく、当時の谷川雁のように、人類を知識人と大衆の二つの種別に分類し、自分はそのどちらをも超越していると思うことができた者だけなのだ。

谷川雁が「原点」を農民と炭鉱労働者に場所的に固定した、というのはそういうことだ。農民や炭鉱労働者にとっては、確かに、自分達の原点はその労働と生活にある。しかも同時に、それが原点たりえない状態にさらされているのが、現代社会における疎外状況なのだ。そして、「知識人」谷川雁にとっては、いずれにせよ、それは彼自身の生活ではなかった。それが彼自身の生活ではなかったから悪い、というのではない。自分の生活の根を洗わずに、丸ごと肯定された「大衆」の「生活」という理想的理念に原点を設定したことが問題なのだ。そこが決定的な相違なのだ。彼は大衆の生活を全面的に肯定し、それを語り出すことをうながす。しかし、大衆にとっては多くの場合、沈黙せざるをえない現実そのものが否定的な重みなのであって、必要なことは、それを表現することではなく、むしろ、明るい表現になしうる肯定的な現実を未来に獲得していくことである。

Ⅲ

この点が倒錯しているから、谷川雁において、「故郷」なるものが「不可視の原点」になってしまうのである。そのように「故郷」が固定された時には、故郷を背負いつつ故郷を喪失した我々の問題は、見えてこない。近代の日本人にとって、故郷は常に何ほどか（全部ではない）否定せざるをえない対象としてあった。しかもその故に、我々は故郷を喪失し、そしてそれを喪失することに耐えられない。そしてそれを喪失することを悲しみながらも、故郷を手離しで讃美することができないのが、我々の状態なのだ。

確かに、谷川雁の駆使する概念の中で、「故郷」という概念は最も美しいものの一つである。初期の谷川が、

「おれは村を知り　道を知り
灰色の時を知った
明るくもなく　暗くもない
ふりつむ雪の宵のような光のなかで
おのれを断罪し　処刑することを知った」

（「或る光栄」と題された詩集『天山』、一九五六年、の最初の詩の書きだし。現在『谷川雁詩集』一〇二頁）

とうたった時以来、「村」と「故郷」は一貫して谷川にとって原点なのである。そしてこの場合の村とは、決して実体のある固定された一つの村であるのではなく、「内奥の故郷」なのである。北川透がこれについて、「谷川が『おれは村を知り……』といった時の《村》とは、いささかの実体性ももっていない。彼の夢の開示がそこで始まったとみるべきであり、《村》とはむろん見えない《村》なのだ」（『幻野の渇き』一八頁、傍点は北川）と評しているのは正しい。もっとも、「いささかの実体性も」というのは強調しすぎている。それは一方では実体性を持たない内奥の村でありながら、他方では、実体的な村の像と常に結びつけられている。そこに谷川雁の「故郷」がことの核心にふれた概念である理由がある。けれども、彼はそのことを追求しきれない。たとえば、石川啄木について、一方では「ハイカラ好みのちゃちな田舎者」ときめつけつつ、他方で、「船に酔ひてやさしくなれる　いもうとの眼見ゆ　津軽の海を思へば」という彼の詩をひいて、「僕は啄木の感傷にみちた社会主義には値段をつける気にもならないが、彼の内奥にある『故郷』にはうたれる」と論評する時に（『原点』一六〇頁）、「故郷」はあくまでも内奥の輝きでありつつ、しかも「津軽」という実体をぬきにしては決して考えられないものである。

けれども、ここでも、追求すべきことは、「内奥」の原点である故郷と、実体としての村との間の分裂にあくまでもこだわりつづけることであったはずだ。「分裂」と言ったけれども、もう少し厳密に言えば、実体としての故郷が常に内奥の故郷を生み出し、しかも両者は対立するのである。谷川雁において、「内奥」の故郷は絶対的に肯定される価値を持つ。けれども、その「故郷」は常に現実の故郷との関わりと矛盾の中に存在する、ということを見続ける必要がある。「内奥」の故郷は「不可視の原点」として肯定され、実体としての村は放り出してしまう、というわけにはいかない。前者は常に後者から生み出され、しかも後者に回帰しない。我々は、我々の故郷から生み出されて来ている故に、故郷をあこがれつつ、しかもそのあこがれる故郷はもはやどこにもない。どこにもないけれども、故郷にはやはり故郷がある。このように、現実の故郷が内奥の故郷を生み出し、そして内奥の故郷は常に現実の故郷に、一方では回帰しようとしつつ、他方では否定しようとする、という関係と矛盾のくり返しを、ずっと見続ける必要があったはずだ。

ところが谷川雁は、「故郷」を絶対的に肯定する概念にしてしまった。そして、絶対的に肯定されるものである以上、今のところそれはどこにも存在しないにきまっているので、その結果彼は、炭鉱でコーラス団をつくった労働者達と話をしていて、「『故郷はこれからつくるべきものだ』、という結論に落ちついた。この場合の彼等にはもう真の故郷が見えはじめているわけだ。故郷の実在する者よりもさらに強い実在感覚が故郷の欠如という形で与えられているのだ」(『原点』四七頁、傍点は私)、と言い出すことになる。何とうらさびた「真の」故郷であることか。絶対的な価値に「真の」という形容詞がつけられて、それは、これからつくるべきものだ、と説教される時、それは牧師が神の国について説教するのに似ている。神の国はまだどこにもありません。しかもあなたがたの中にあるのです。真の神の国はあなたがたがそこから生れ、そこから出て来たものでありながら、しかもまだ存在してはおらず、これからつくられるものなのです……。幸か不幸か、私は長年キリスト教とつきあってきたばかりに、この手の説教はすでに聞きあきた。

「故郷」がこのように絶対的肯定概念だから、若き日の「知識人」谷川は、「村」を知ってその前に自己を「処刑し、断罪する」。絶対的肯定概念の前では、谷川にとって絶対的否定概念である「知識人」は断罪されるのみである。しかも、このように「故郷」がただ架空の未来であるだけでは、まさにただの理想主義者になってしまうから、それを避けるために、谷川は、このように絶対的な肯定概念である「故郷」を、現実の村に再度結びつける。この際、現実の村は出たりひっこんだりする。つまり、「真の故郷」「内奥の故郷」「これからつくるべき故郷」について語る時には、実在の故郷は否定される。しかし、その否定は、否定的に克服する行為ではなく、単なる消去にすぎない。視界から消え去るだけである。そして時々、不用意に「内奥の故郷」と直結して視界へ呼びもどされ、その際には、「内奥の故郷」の絶対的肯定が、そのまま現実の村へとすべりこむ。そこに「農本主義者」

谷川雁が誕生する。一方では「故郷」は不可視の、内奥の、夢の未来でありつつ、他方では、それは、肯定される価値の代名詞になり、農村出身の労働者は、いやそもそも労働者は、みな、故郷を持っているはずのことになる。彼は一度逃げ出した売笑婦をかくまったことがある。その女達について彼は述べる。「しかし彼女らは故郷をもっていた。……故郷や恋人を持とうとすればするほど、それから遠ざかる者ではなかった」(『原点』五一頁)。労働者も売笑婦も、当時の彼にとっては、絶対に肯定されるべき大衆であり、その「大衆」である故に、彼らは必ずや「故郷」を持っているに違いなく、しかも、「故郷を求めれば求めるほどそこから遠ざかる者」ではないはずである……。これではあまりに単純な図式化ではないか。むしろ、故郷を持つ大衆にとってこそ、故郷は憎悪の対象であり、しかも憧れと回帰の対象であり、求めなくてもいつまでもついて来て離れず、しかも、求めれば求めるほど遠ざかる。

だから、谷川雁が、「確固たる故郷をもつプロレタリアートとどこが故郷かも分らなくなった流離の小市民」とを単純に区別し、「この世の革新には故郷が必要」と言う時に(『原点』四〇頁、一〇九頁)、それに対しては、小市民もプロレタリアートもおしなべて、故郷を喪失してしまったのが現代なのだ、と言わざるをえない。プロレタリアートが、どこが故郷かわからなくなった流離の生活を強いられている時に、あなた方はプロレタリアートであって、「小市民」ではないのですから、生れがどこかわからなくても、「真の故郷」を内奥において持っているのです、とほめあげても、仕方がない。必要なことは、強いられた流離の生活をなくすことである。この原稿を書いている今、「繁栄」の西ドイツの小都市にいるのだが、毎日大勢見かけるトルコ人やギリシア人の労働者の姿を思い出す。彼らの多くは二度と故郷に帰れないかもしれない。確かに彼らは「確固とした」故郷を持つ。しかし彼らの流離の生活は重い。そして、彼らの二世、三世が、ドイツ語を母語として育つ時、その故郷はどこに行くのだろうか。日本にいる朝鮮人の場合と基本的には同じ状態だ。もっとも、日本にいる朝鮮人の方がよほど強度に差別されているが。――あなた方は確固とした故郷を持っています。そうには違いない。しかし、それは内奥の故郷であると同時に、現実の流離の苦痛なのだ。

Ⅳ

どうも結局、谷川雁において、「知識人」は単純に否定概念で、「大衆」は単純に肯定概念なのだ。言葉の上では彼はそうではないとしきりに強く主張する。「知識人に対しては大衆であり、大衆に対しては知識人である」というせりふを何度もくり返しつつ。しかしこういうせりふが説得力を持ち、真理であるのは、それが逆説的に主張される時のみである。そして、確かに、谷川雁の文章が我々に訴えかける力を持つのは、彼が自分自身でそのせりふの逆説的特質を心得て語っているからだ。けれども極めて残念なことに、彼はこの彼自身の、まれにみるすぐれた特質を持続することができずに、持続的にその鋭さをとぎすましていくことをせずに、それを図式的な論理に固定させてしまう。「知識人に対しては大衆であり、大衆に対しては知識人である」ということは、問題意識の表出としては正しいのだが、ある意味ではそれは所詮無理な註文である。そして谷川自身その無理を承知でこのことを主張し続けたので、そこに、今述べたように、極めてすぐれた彼の特質があるのだが、その緊張を持続する方法を獲得しなかったが故に、彼は、だんだん疲れて来ると、この無理を持続することに耐えられなくなり、モットーと中味がすりかわってしまう。その時に、彼が無反省に内包させていた生地が露出してしまう。つまり、彼にとって、「知識人」は単純に全面否定さるべき対象であり、「大衆」は単純に全面肯定される。そして、「知識人」に対しては、その知識構造を内在的に否定克服する努力はせずに、全面肯定された「大衆」とは異なる、というだけの理由で外在的に否定されるだけだから、それはいわば、知識人を批判すべし、という課題をよびかけているにとどまり、その課題を遂行することはできずに終ってしまう。さらに、彼は自分自身が知識人でありつつ、しかも知識人の単純全面否定を主張するから、その「否定」は表看板にとどまり、実際には自分が自分の生を知識人として生きている部分にはとどかないことになる。他方、全面肯定された「大衆」の方は、すでに述べたように、大衆の生がかかえている否定的な状況は素通りすることになる。

　このことをもう少し詳しくあとづけてみよう。

　谷川雁の「工作者」とは、次のように説明されている。

　「大衆と知識人のどちらにもはげしく対立する工作者の群……双頭の怪獣のような媒体を作らねばならぬ。彼等はどこからも援助を受ける見込みはない遊撃隊として、大衆の沈黙を内的に破壊し、知識人の翻訳法を拒否しなければならぬ。すなわち大衆に向っては断乎たる知識人であり、知識人に対しては鋭い大衆であるところの偽善の道をつらぬく工作者のしかばねの上に萌えるものを、それだけを私は支持する」（『原点』五六頁、傍点は私）。

ここで彼が「偽善の道」という表現を用いているところには、はっきりと彼が、「知識人と大衆の双方に対立する」ということは矛盾であり、あくまでも逆説的つきつけにとどまるのであり、そして、その故に、大衆と知識人の間の否定的媒体にとどまるのであり、自ら存在意味があるわけではなく、自らは消滅することにしか意味がない（「しかばねの上に萌えるもの」）、ということをよく心得ていたことを示している。だからまた、この提言を——提言というよりも、詩的な批判の言葉を、谷川が「工作者」という人間のあり方をみんなでつくろうではないか、と呼びかけている、という風に理解されると、彼はたちまちいらいらしてしまう。右の文は一九五八年だが、その一年あとで、日高六郎に対して書いた「観測者と工作者」という文章の中で、たとえば、次のように不満をぶちまける。「私を『工作者』にした人間をただ一人だけあげよといわれれば、私はちゅうちょすることなく日高六郎と答えます。彼は私の意見なるものを全国にばらまき、私に恥じらいと怒りを感じさせました」（『工作者宣言』三七頁）。谷川がこのように言いたくなるのも無理はないので、彼が「しかばねの上に萌えるもの」としか表現できなかったことを、矛盾としてしか存在できないはずのものを、日高によって積極的な概念としてほめあげられては、陳腐な類型化になってしまう。あるいはまた、「工作者」についての右に引用した文章に言及しつつ鶴見俊輔が、「それは谷川雁が近ごろいっている工作者の必要ということなんです。工作者という新しい人間類型が出て来なければいけない。大衆に向っては知識人の言語と思想をもって妥協せずに語る。知識人に向っては、大衆の言語と思想で語る、という双頭の怪物となった工作者の群像が出て来なければ、これからはだめだというわけです……」と、谷川の言葉を一般化した命題に言い直すのに対して、当の谷川はたちまち反撥を感じてしまう。「すこし待ってください。私は類型としての工作者なんかを考えたことは一度もないのです……」(『工作者宣言』一五頁)。

実際、谷川が「工作者」なるものを「双頭の怪獣」と表現した時には、苦渋が感じられる。自己分裂をかかえつづけて死んでいき、その死の上にしか何かが出てこないような、そういう「媒体」なのである。それに対して、鶴見がこれを受けて「双頭の怪物」と言う時には、月光仮面か仮面ライダー的なスーパーマンのにおいがする。

「工作者という桶は一つ一つ例証をもった逆説と比喩でいっぱいになっています」(同一二頁)と言うのが正しいのだ。

そして、この文章を書いた時の谷川は、こういう矛盾を背負いこむことがいかに大変なことかをよく承知している。「私はまだ知識人であれ大衆であれ、厳密な意味での思想と言語、すなわち伝達の現在地点における可能性を承認していないのです。知識人のサークルでも大衆のサークルでも、それぞれの孤絶した領域においてすら『会話』はいまのところ不能なのだ、という認識を強調しているのです」(同一六頁)。

けれども残念なことに、彼はこの矛盾を問い続けることができなかった。自らを消滅させることによってしか意味をなさない否定的媒体、ということを、彼も結局甘く考えてしまった。工作者の「死」が、本当の自己抹殺ではなく、一つの詩的に強調された表現にしかすぎなくなる時、その甘さがしのびよる。右の、鶴見を批判したすぐれた文章においてすら、彼は、「おそらく私たちはなおも死につづけなければならないだろう」(同一六頁）と述べている。「死」がこのように反復可能な勇ましさとして考えられる時、それはもはや死ではない。同じ一九五八年の文章には、もっと甘いせりふもでてくる。

「工作者という媒体のなやみは、それが結局媒体でしかない限界にも——また組織語に対しては生活語をもって、生活語に対しては組織語をもって答えなければならない倒錯にも存在しないであろう。彼は必然に孤立する。ついに死すべきものだ。それを恐れない工作者を戦慄させるのは、ただ次の一事である。すなわち彼はただ一人豊かになる危険があるのだ」(『原点』四九頁)。

死も孤立も自己分裂の倒錯も恐れない、何と勇ましいことか。確かに、彼がここで、「ただ一人豊かになる危険」を指摘しているのは正しい。どんなに事の核心に切りこむ逆説的批判をなしえても、それがその人の独自の思想ということでとどまるならば、結局は思想の私的占有ということで終ってしまう。谷川がそのことをひどく警戒するのは、彼の感覚の鋭さを示している。そして、大衆がなかなか思想的表現を自らのものとなしえないのは、「思想をあくまで個人の占有と結びつけて理解しようとする」これまでの知識人の姿勢が、大衆にもしみ通ってしまって、思想的表現をすることが自分達の共有のことではない、何か借り物の感じがするように思わせているからだ、という指摘（『工作者宣言』二三三頁以下）がその問題意識をよく示している。そしてこのことは、谷川の提起した数多くの問題の中でも、今日なお我々が、課題としては見えていても、どういう方向でそれと取り組んで行ってよいのかわからずにいる大変な問題の一つなのである。従って、「ただ一人豊かになる危険」という表現で谷川が考えている問題範囲の底深さを我々も共に知らなければならないが、しかし、それが大変な問題である、という指摘の故に、自己分裂の倒錯をかかえ続けることの困難さを安直に考えてよい、ということにはならない。

そこを安直に考えた時、日高六郎や鶴見俊輔の図式的な理解を谷川が批判している、その同じ安直な図式的発想に谷川自身が陥ってしまうのである。「知識人」に対して、お前らは農民の生活を、労働者の生活を、知らないではないか、とあげつらっていれば、それで「知識人」批判になる、と思いなす安直さに。

V

これが一つの論理的な図式となった時に、谷川の理論的な弱さがみじめに露呈してくる。「知識人」と「大衆」の両極に分類しておいて、その二つをぶつけあうことによって、二つの長所をかねそなえ、両者の短所を切り落とす、という単純論理でことを解決しようとする。この単純論理が、以後の谷川の発想の基本的な型になって、どんな問題が出て来ても、二つ並べておいて、威勢よくバンバンとやっつけてけりをつけてしまうことになる。これは弁証法に似て、決してそうではない。

いくらでも例をあげることはできるが、たとえば、丸山真男が理論信仰と実感信仰というようなことを言い出すと、そもそもそういう表相に器用にことを切り整え、そういう対立概念にことを分類して押しこんでしまう丸山の発想自体が批判されなければならないのに（我々の思想的行動は、丸山の言う理論信仰や実感信仰の類型に切りととのえられたのでは、決して理解できるはずのものではないのだ）、谷川はうかうかとその分類にのってしまって、彼が中心になって全九州のサークル活動家に結集を呼びかけた「サークル村」の結成宣言において、「サークルは今のところ丸山真男のいわゆる理論信仰と実感信仰を同時にそなえた集団」などと定義し、「（工作者は）理論を実感化し、実感を理論化しなければならない」などとやってしまう（『原点』七三頁以下）。もう一度言うが、ここで丸山に対して批判されなければならなかったのは、「理論」と「実感」という概念にことを平面化して並べたて、あとはその二つの概念の抽象的なやりくりでことをすまそうとする退嬰した思想構造であったはずだ。理論を実感化し、実感を理論化する、などということが必要なのではなく、丸山的な「理論」の「実感」のという形式概念に拾い上げられることを拒否するのが必要なのだ。ところが谷川は、AとBを並べてかけあわせ、ABにすればいい、という論理操作ですませてしまう。これでは、せっかくの谷川のすぐれた逆説的感覚がしぼんでしまう。そして、このせりふにすぐに続けて、彼が自分のモットーをもう一度、「（工作者は）知識人に対しては大衆であり、大衆に対しては知識人であるという『偽善』を強いられる」という時には、これはもう、まさにただのモットーになってしまう。

同じAかけるBのAB、という形式論理は、ロマンティシズムの問題についても出て来る。共産党系の文学者、評論家の間で、ロマンティシズムと「革命」とを単純対立的に考える発想がはやったのに対して、「革命的ロマンティシズム」とくっつけて言ってみて喜んでいる（『原点』一七二頁）。ここでも、このように単純対立的に考えられた「ロマンティシズム」も「革命」も実に矮小なものでしかない、ということを指摘して、そういう概念操作を拒否することが必要であったのに、その概念操作の上にのっかって、二つをくっつけることでけりをつけてしまっている。

「定着」＝ナショナル、「流浪」＝インターナショナル、という図式的な発想がはやりだすと、これまた二つをくっつけて、「定着的流浪か流浪的定着か」などと提唱してみたり、「変化の相に不変の質を見、不変の相に変化の質を見ることが詩人の仕事」（『原点』一七六頁）と並べる時にも、同じ発想が働いている。

もちろん、こういうひねくれた言い方には、谷川雁の正しい直覚がひめられているのであって、人が、ロマンティシズムか革命か、定着か流浪か、変化か不変か、などと単純に陣営を分けて議論しているのがいかにも矮小なので、それならば両方くっつけてみろよ、と揶揄する時、それは、この種の矮小な議論に整え、おさめられることに対して、腹立たしく抗議しているのである。実際、この種の対立概念をまず固定して、そこから出発して平面的に整理された言葉が語られていくとすれば、言葉はうさんくさく体制内的に組織されてしまう。しかし、谷川のようにこれらの両概念をただ逆説的表現としてくっつけてみても、それは、こういう両概念を固定することから形式論理的に議論してはならない、という課題の意識を宣言したにすぎない。そして、課題を宣言しただけでは、課題と取り組んだことにはならないのだ。ところが谷川雁は、彼の好みの逆説的な矛盾表現の逆説性をいつのまにか忘れて、矛盾する両概念をくっつければそれで真理に到達したかの如く思いなしてしまう。その結果が、例の「日本の二重構造」という無残な文章になって現われる。

これは、『戦闘への招待』におさめられたもので、『原点が存在する』がいわば詩文であるのに対して、「日本の二重構造」は谷川が理論的総括をなそうとした文章である。そしてこの文章に、右に指摘してきた彼の甘さが全部露呈してしまう。ここで、日本の「二重構造」ということで彼が何を考えているかというと、何ほどか対立する二契機はみんな「日本の二重構造」というるつぼにぶちこまれ、それで日本がわかった気になっているのである。たとえば、「太平洋戦争の理念的二重性は、日本社会の構造的二重性の反映であった」と言う（二〇二頁）。前者の二重性とは、太平洋戦争が一方では日本の植民地侵略戦争でありつつ、他方では米英の帝国主義に対抗する戦争であった、ということをさす。そして、それは「あたかも大企業の中の本工と下請工の関係に似ている」という比較をして、その故に、前者は日本社会の二重構造の反映だ、と言うのである。確かに両者は似ている。資本制社会の「自由」な競争においては、何ほどか収奪される位置にある者は、その収奪する力に抵抗しつつ、自分がより多く他を収奪する位置につこうとする。大企業の本工は、労働者として明らかに資本家に階級的に対立する者でありながら、大企業の中にかかえこまれることによって、その外で収奪される下請工の収奪に加担する。大国の帝国主義支配に対する民族主義を基軸にした抵抗は、民族主義だけを理念的基軸にしていれば、経済的な下部構造にはふれないから、今度は自分達がより小さい他国に対して侵略的に振舞うことになる。しかし、この二つの構造の類似は、一方が他方の反映というのではなく、本質的に同じ構造に由来する、ということなのだ。それを彼は、世界的な帝国主義の状況に規定された日本の問題を、日本社会の構造的二重性の反映としてとらえてしまう。そういうとらえ方ができるのは、それを日本的特質とみなしているからである。確かにそれは日本の特質ではある。しかしそれは世界史的状況の日本的あらわれなのであって、「日本」が原因なのではない。そこがわからないから、何でもかんでも「二重構造」という思いつきにぶちこんでしまう。「二重構造こそ古代から現代までをつらぬく日本文明の大前提である」（二〇四頁）などと言い出し、その「二重」の内容たるや、「洋裁や洋髪が大衆世界を席巻していくばあい、ドレスメーカーと文化洋裁、山野愛子派と組合派といった二系列の対立的進行という形をとるのは偶然ではない。これは顕密二教をふくみ、東西両本願寺を貫通して、三井三菱にいたる特殊日本的な二重構造の線上における一現象なのである」（二一三頁）と言うのだから、もはや語るにおちるとしか申し上げようはない。ついでに田中角栄と福田何とかの対立も同じ「日本的二重構造」でしょうか、とだじゃれのしっぽをつけ加えてさしあげたくなる。せっかく、大企業の本工と下請工という日本の労働者のさらされている基本的な問題点の一つに言及しながら、それをこういう漫画的な（御本人はくそまじめだが）並べ方の中に解消してしまったのでは、どうもやりきれない。

谷川雁が、対立する両概念をくっつけてけりをつける、という図式に、極めて図式的にはまりこんでいく時に、そのことを示す右にあげたいろいろな例と並べてみれば、彼が、「知識人に対しては大衆であり、大衆に対しては知識人である」という主張をいくらくり返しても、くり返せば返すほど、宙に浮いて行ってしまった理由も明らかであろう。だからまた、彼が、

「私は村の中の非農民です。そして村の外では農民です」(『工作者』二二頁)

と言う時に、もうそんなだてな反語はやめてくれ、と我々は言いたくなる。農民であれば農民の苦渋を生きねばならぬ。都市労働者であれば都市労働者の苦渋を生きねばならぬ。

VI

くり返して言うが、「知識人に対しては大衆であり、大衆に対しては知識人である」という言い方は、逆説的な反語としてのみ意味を持つ。「知識人」が閉鎖的に——従ってただ観念論的に——知識をもて遊び、大衆が知識から疎外される、という状況の中では、こういう反語的なつきつけは意味を持つ。しかし、この種の反語的なつきつけは、そんな状態じゃ駄目だよ、という宣言として以上の意味は持ちえない。確かに、人々がその問題状況に気がついていない時に——もしくは、「知識人」の常として、せりふとしてはいくらでも気がついていながら、せりふとしてしか気がつかないから、何も気がつかないよりももっと悪い、すなわち、気がつかない人は気がつけば問題と取り組むのだが、

気がついたつもりになっている人はそれ以上気がつきようがないから、永遠に気がつかない、——そういう時には、くどいまでにこういう反語的逆説をつきつける意味はある。けれども、それをつきつける方は、あくまでも、これは課題の宣言にしかすぎない、と知っている必要がある。宣戦布告は戦闘を導く意味はあるけれども、戦闘そのものではない。宣戦布告を毎日くり返していれば戦闘になる、などと思ってはならない。

いわゆる知識人を批判する時に、大衆の生活の事実をつきつけることは、批判として最も容易である。お前はこういう生活をしたことがないだろう、こういう生活を知らないだろう、と言えばことがすむ。——もっとも、ここまで話を進めてくると、「知識人」と「大衆」という概念そのものを洗い直さねばならなくなってくるけれども。——お前は炭鉱労働者の生活を知らないだろう、農民の生活を知らないだろう……。そして実際、こういう形で知識人の虚妄性を批判することは意味がある。しかしそれでとどまるとすれば安易にすぎる。

もしも近代知識人の生み出した知識がただ虚妄なだけの、青白く、何の力もない絵に描いた餅にすぎないのならば、それはたいした問題ではない。問題は、それが実生活を何ほどか支配する力がある、ということなのだ。どうでもいいような愚劣なものは、ほっておけば消滅する。しかし、たとえ本質的に愚劣であり、虚妄であっても、ある種の力を持つものは、それが虚妄だからとあげつらっていても、当の「知識人」達は、蛙の顔に水をかけられているようなもので、何と言われようと黙って答えず、自分達の知識がある種の力を持つ部分にしがみつく。

どこかわからないところで、誰だかわからない男が机の上で計算している数字によって、多くの現場労働者の仕事が規定されてくる。その計算している男が、たとえシャベル一つ持つ仕方をしらなくても、ネジまわし一つろくに使えなくても、やはりそうなのだ。或いは、「村」から一歩外に出て、より広い世界状況の中にある自らの位置を確認しようとする時には、多くの者はたちまち、できあいの知識に身をゆだねてしまう。自分の生活に直接ふれてくる狭い範囲の一歩外のことになれば――それがたいていは実際には自分の生活を規定しているより大きな社会的力の問題であっても――何と多くの大衆が、テレビのアナウンサーや「タレント」、週刊誌の書き屋のせりふを個性を喪失してただ反復しているにすぎないことか。

いやそもそも、自分の労働力をより高く売りこむ、ということに関しても、近代市民社会においては知識はある種の力なのだ。以前ヨーロッパで会ったことのある一人のインド人がいみじくも言っていたのだが、これまでのインドにおいては、どのカーストに属するかがその人の生涯を決めたが、近代化されたインドにおいては、どれだけの知識を持つかがその人の生涯をきめる。自分は低いカーストの出身だが、これでインドに帰ってもよりよい生活ができる、というのだ。もっとも、そのよりよい生活とは、ヨーロッパ系の会社に傭われることだったが。

近代市民社会において、「知識」は自由競争のための武器なのだ。だから、知識を変革しようと思ったら、近代市民社会の変革全体の射程の中においてでしかできない。知識人の虚妄を、「青白さ」を、ただあげつらうことによってではなく、まさにその知識が力を持つ部分を粉砕することによって近代的知識の変革がなされる。その知識がいかに不当なものであるか、ということだけでなく、いかに不当に大きなものであるかを知って、批判、追及するのでなければならぬ。

谷川雁に欠けていたのは、このように知識の内側にはいりこんで、それをこぼつ、長い作業だった。彼は自ら知識人でありながら、知識人に対しては、自分が知識人でないかの如くに気どってしまった。知識人は、まず、知識を、体制社会の中で自らに力を与えている知識を問題にしていく責任がある。その構造を明らかにしつつ、自らそれをたたく必要がある。――たたくためには、その構造を明らかにせねばならぬ。何故なら、それは一撃で倒れるようななまやさしい相手ではないのだ。

谷川雁は知識人批判はやったが、知識批判はやらなかった。だから、「日本の二重構造」などというちゃちな論理に、ついには、身を寄せかけていく結果になったのだ。

だから、「知識人に対しては大衆であり、大衆に対しては知識人である」という谷川的なあり方に対しては、知識人は自らの知識に対して責任をもって否定的にとりくめ。大衆は自らの労働と生活を規定している否定的な力に対して抗う、と我々は言わねばならぬ。――もっとも、このように言う時、すでに、「大衆」という十把一からげ的な曖昧な概念は通用しなくなるけれども。

もちろんこれは、当時の「思想の科学」の同人の藤田省三が、谷川が「知識人には大衆の言葉で、大衆には知識人の言葉で」と言うのに対して、それをひっくり返して、「知識人は知識人の言葉で、大衆には大衆の言葉で」と主張したのとは、およそ違うことである。こういう主張に対しては、谷川雁が腹を立てて、そんなスローガンは、「俗流大衆路線へ簡単に移行してしまう直線」にすぎないのであり、「彼がまるで知識人向けと大衆向けの両刀使いの名人みたいな心持ちでいるのがしゃらくさい」とやっつけているのも無理はない（『工作者』四六頁以下）。実際、この種の両刀使いほど、知識をも大衆をもなめてかかったものはないので、大衆には知識人の言葉は通じまい、と思っているから、大衆には大衆の言葉で言えばいい、ということになるし、逆にまた、知識人の言葉は知識人という閉鎖された小集団の中でしか通用しないものにおとしめられる。こういう発想では、結局、「知識人」と「大衆」を区別し、両者それぞれをその疎外された状況に放置することになる。

私が言っているのはそういうことではないので、知識人は自らの知識に対して責任をもって否定的にとりくめ、と言っているのだ。知識人にできるのはせいぜいその程度のことでしかない。そしてそれだけでも大したことなのだ。自分の問題に徹底してとりくむ者のみが、他者の闘いを了解し、他者の闘いから学ぶことができる。それが連帯というものではないか。それは決して、自分の「専門領域」を固定して、そこに自己満足的にとじこもる、ということではないので、むしろ逆に、自分の専門領域を否定的に克服していく作業に責任を持つ、ということである。

最後にもう一度断っておくけれども、この文章は決して「谷川雁論」を志したものではない。そのためには、ここでふれていない多くの事柄にふれねばならない。ここでは、谷川雁のいくつかの発言をめぐって、自分の知識人論の一つの序説にしようと思ったのである。従って、彼について一言すれば、彼が多くの人々の前にその活動をさらした数年間は、やはり実に大変なものだっただろうと想像するし、その故に、今彼がどこでどう沈黙していようと、それは重苦しいものだろうから、それについて何か言うつもりはさらさらない。彼がその沈黙にいたるまでたどった軌跡は、まだまだこれから多くの者によってたどられざるをえないと思うし、数多くの知識人はいまだに彼の苦渋の一かけらほども自分のものにしていないのだ。彼にはだから、今はもうそっと静かに生活して下さい、と願うべきだろう。それとて大変なことなのだから。

民衆理念の観念的浮上

これは一九七一年十一月二四日に、同志社大学の基団連――キリスト教関係諸団体の連合で、現在、キリスト教批判の課題に持続的にとりくむかたわら、それとの関連において、日本浪曼派の問題を追求している――と、教育科学研究会の諸君が共催して企画した講演会で話したものである。知識人が「大衆」を語る場合の一つの問題点を扱ったので、前項との関連でここにおさめる。その時の発言を録音テープからおこしたものを、むしろそのまま再録することにする。その方が、これらの主催者の学生諸君との対話の中から生れてきたものだ、ということがはっきりすると思うからである。

はじめに多少前置きを言わせていただくと、今日のこの話を、基団連と教科研の諸君が共同で主催するということなのですが、私としては、相変らず、自分自身が日常的にやっておりますことの限界もありますので、キリスト教批判を通じて見えてくる部分を、主として基団連の諸君が扱っている問題領域に向けて、何ほどか申しあげられればと思い、主題の設定をしたわけです。従って、直接に教育問題とか、教師の問題とかを論じることはいたしませんが、これから申しあげます問題、つまり民衆理念の観念的浮上ということについて、それが、教育批判を扱っておられる諸君の問題意識とも、どの辺でつながって来る可能性があるのか、ということを、何ほどか前置きとして言わさせていただきたいと思います。

一つには、現在の教育の設定のされ方ですが、大学だけでなくむしろ初等中等教育においてより強度に、近代的な知識体系を一種の閉鎖的な体系に化し、それを広く「国民」に与えていくという仕方で、いわゆる知育、知識教育というものが設定されているわけです。ですからどうしても、近代教育の問題を扱っていこうとする場合に、必ず、近代的なもしくは近代主義的な知識体系が設定されるされ方それ自体をも、同時に、撃っていかないと駄目だということになるわけです。

たとえば、先日もマルクスを「やっている」というある大学の経営学の教師と話していて感じたのですが——だいたいマルクス主義者が経営学の講義をできる、ということがすでに奇々怪々なのですけれども——横文字の書物に出てくる概念をいろいろとひねくりまわすだけで経済学の「論文」にしようとしているのを聞いて、またか、とうんざりせざるをえなかった。つまり、マルクスの中に出てくる種々のドイツ語の概念を、言語概念として一所懸命ひねくりかえすわけですけれども、それでもって経済現象に対する答を出そうとするのです。しかし言語的に概念を分析すれば、それで経済現象がわかった、などというはずはないので、「あなたはせめて経済学でメシを食っているのなら、そんな言語的な概念の分析から始めないで、ともかく経済現象そのものを自分の眼でまず分析してみなさいよ。たとえその方法がブルジョワ的な学問方法だとしても、せめて、経済現象の素材そのものと自分で取り組んでものを言っていくという、その姿勢をぬきにして、概念操作だけをしていても駄目ですよ」と言って、だいぶ議論したのですけれども、実際問題として、近代的な諸学の知識体系というものは、その大部分は、そういった形での概念操作だけで終っているわけです。そしてそれを俗流化したものが初等中等教育に下ろされてくるのです。もちろん他方では、言語的な概念の分析はちょっとドイツ語の辞書をひいたぐらいでこねくりまわせるような生やさしいものではないのですが、それについてはここでは論じません。ともかく、たとえそれがマルクスから借りてきた概念であろうとも、その言語上の意味を確定することで、直ちに、その語によって表現されている経済現象そのものが確定されることにはなりません。まして、言葉としてただそういうものを借りてきて、つぎはぎ細工をやっているだけでは全然いけません。やたらと高級な経済学的諸概念をおぼえこんでいながら、ごく身近な経済現象一つ説明しきれない経済学者が多いのはそのせいです。

さらにもう少し広く、思想一般と言うか、学問一般という問題になるとするならば、一言で言えば、生きている大衆の現実そのものから、自らのかかえている知識体系がどのようにつながっていくのか、もしくはいかないのか、というその間の問題が扱われないと駄目なわけです。実際問題として、その間の問題が全く扱われないところで、日本のいわゆる公教育は、できあいの知識体系によって規定されている。ですから、教育の問題が、すでに、教育だけの問題としては終らないのであって、たとえば、そのような知識体系の設定のされ方自体が問題であるのです。

近代教育というものは、明瞭に、近代国家の成立と表裏一体となって出てまいります。近代国家をもとにした教育は、たとえば、日本で言うならば、北海道のてっぺんから沖縄の端にいたるまで、同じ「教育」がなされてきた、ということです。その同じ「教育」の前提は、「日本国民」という理念であるわけです。従って、公教育の成立に関しては、否でも応でも近代国家それ自体の成立の根拠を問うことになっていかないと、公教育の問題そのものも扱い切れない、ということなのです。教育というものは、常に、一種の国家的な共同性が、小学校中学校で、朝から晩までにじみ出てくる、という、そういうことなのです、一口に言ってしまえば。そうであるとするならば、教育の問題から出発しながらも、国家批判をどこまで貫徹できるか、そういう国家的な共同性へと吸収されていくところの「民族」の問題をどこまで見つめられるのか、ということに当然話がつながっていくのです。以上のような問題意識からするならば、今日これから「民衆理念の観念的浮上」ということを、主として「民族」の問題と関連させながら申しあげますけれども、その問題意識は、直接にではなくとも、教育の状況の問題、教育の批判の問題へとつながっていくはずだ、と自分でも考えているわけであります。

I

前置きはそこまでにして、本題にはいりますが、私としては相変らず、思想とは何かということを問い続けているわけであります。一言で図式化してしまえば、思想とは、当然、生活している人間の現実から切り出されてくるものでなければならないはずでありますし、そういう思想だけが逆にもどって行って、現実に対して力となって切りこんで行くことができる。そうでない思想というものは、いかに言葉として語られようとも、現実に対して力となって切りこむことはできない。図式化して言えば、そういうことになるわけです。こういうように図式化して言うだけならば簡単なのですが、問題は、このように一言で図式化した場合に、思想は本来生活している大衆の現実から切り出されるものでなければならない、というせりふを、せりふとして何度も何度も反復しているうちに、生活している「大衆の現実」というせりふそのものが、生活している大衆の現実からまさに浮き上って、観念的に浮上してしまう、という現象をどうやって突いていくか、ということなのです。ですから、今日において、我々が、思想とは何かということを問い続けていく場合に、当然のことながら、その根本的な課題は、たとえば吉本隆明が『自立の思想的拠点』の中におさめた「情況について」の中で言っているところの、「大衆の原像をくりこむ」という表現で目指しているところにふれてくるわけです。あるいはもう少し以前のものならば、たとえば、谷川雁が「大衆の混沌たる、いわば不条理ともいえる無政府的な魂に惚れることがなければならない」と言って、そういう大衆というものを常に一番底のところに設定しながら、次のように言うわけです、「知識人に対しては大衆であり」――つまり知識人というものが常に観念的に浮上していく、それを撃っていくものとして大衆が設定されてくるわけですが、「知識人に対しては大衆であり、大衆に対しては知識人である」というのです。

そういう形で谷川雁が設定したところの大衆というもの、設定したというよりも、むしろ、彼がものを言う時には、実際に、北九州の炭鉱の労働者――例の三井三池の闘争以前から彼はあそこにいたわけです。――あるいは、南九州の貧農地帯の民衆の生活といったものが、具体的に日常的な生活感覚として彼の頭の中にあるわけです。そういう大衆に対しては、その大衆が「言葉」をうばわれ、喪失している限り、彼らがいかに「言葉」を獲得していくかが基本的な課題になるのであって、そうだとすれば、知識人の「知識」の虚妄性をつくためには、「知識人に対して大衆として振舞う」のだけれども、「大衆に対しては知識人である」、つまり、大衆に「言葉」をつきつけ、要求していく、という振舞い方をせざるをえない。これは自己分裂を自ら背負いこむ作業になるので、それで谷川は自分で、これは「偽善」だ、と言うのです。しかしこの「偽善」は課題として背負われねばならない。それで彼はこの「偽善」の内容を説明して、「この危機感、欠如感を土台にした活動家自身の交流が、現在の急務である」と申します。いわばこの偽善を耐えぬいていかねばならない。我々の置かれている状況はいわば欠如の状況であるので、何ごとかをなそうとする者は、そういう偽善に耐えぬいていかねばならない、ということです。もっとも、谷川雁が今何故黙りこんでしまったのか、何故今、東京のちっぽけな企業の管理者になって、全く黙りこんでしまったのか、ということは彼の問題設定の不十分さとして明らかにされねばならないので、彼はこのせりふにもかかわらず、自分でこのせりふを担い切れなかった、ということなのです。このせりふは、言葉としては非常に立派なせりふです。知識人に対しては大衆であり、大衆に対しては知識人であるという偽善、それを貫ぬいていくんだ、ということを言った彼のせりふは、せりふとしては実にみごとなのです。単なる口先だけでなく、実際行動としても、彼は明確にそれを実践しようとしたのだと思いますけれども、結局、彼にできなかったのは、「知識人」であることの課題をつらぬくことだっただろうと思われます。

「知識人に対して大衆である」という点では、彼は、そういう仕方で「知識人」を否定し続けることができた、おそらく日本の思想家の中で極めて僅かの人物の一人であっただろうと思えます。しかしこれはある意味では容易なのです。特に彼のように、大衆の生活状況についてかなりよく知っている人物であるならば、なおさらのことです。たとえば谷川雁と一緒にやっていた人で、森崎和江という人がいますが、彼女が最近いろいろと並べていることがある種の説得力を持ち得るのと同じことなのですが、知識人批判をやっていく場合、大衆の生きている実態そのものを、そのまま並べていけば、それでもってみごとに知識人批判になるということが一方にはあるのです。知識はどんなに見事に展開されても決して生活の実体そのものではありえないし、まして多くの知識人の借り物の概念操作ではそうです。だから、それに対して大衆の生活の実体を語っていくことは、常に破壊的な批判力を持つ。けれども、これだけを反復していては、やはり、知識というものが持っているそれなりの魔力に立ち向うことにはならないので、ついに、知識人の外在的批判に終ってしまうのです。だから谷川雁が、今のせりふにもかかわらず、実際にやって来たことと言えば、そのせりふの前半だけであって、逆に、「大衆に対しては知識人である」ということの恐ろしさを、彼は「偽善」という言葉で言いながら、そしてその欠如感に耐えぬくと言いながら、実際にはそれに耐えぬくことができず、その課題を放棄してしまったので、その結果、ついに今やひっそりと、知識人であることも大衆であることも、一切、自分の活動の中で放擲して、——実際には放擲できっこないのだけれども、放擲したつもりになって、黙ってしまった、という、そういうことが現象してくるのだと思いますけれども、しかし今は、谷川雁自身の問題は別として、彼の言っているせりふは、一つの逆説的表現として真理を言いあてている、という意味では、正しいわけです。

この問題意識は極めて正当な問題意識であるということは言わなければならないのですが、私が今日ここで問題にしていきたいことは、吉本隆明の言葉で言うところの、「大衆の原像をくりこむ」という作業、その作業を全体にわたって展開するという、そんな大変な作業をここでやろうというつもりはないので、それはそれこそ我々の全生涯にわたってやっていく作業なので、今日私が申しますのは、そういう問題を常に意識しつつ、思想的な作業に取り組んでいく場合に、陥りかねない一つの落し穴を指摘しておきたい、ということだけのことです。

たとえば、今の吉本の、「大衆の原像をくりこむ」というせりふ、これはもうずいぶん有名になって、いろんな連中がいろいろとかつぎまわるわけですけれども、こういう類のせりふは、あまりしょっちゅう引用しない方がいいのです。つまり、吉本自身が最小限何を言いたかったのかということを捉えることをぬきにして、このせりふだけを、かっこよがって担ぎまわっていると、問題の所在が全然ずれてしまうことがあるわけです。最小限言っておかなければならないことは、この場合彼が言っているのは、大衆の原像であって、大衆像ではないということです。彼が「原像」と言わざるを得なかった理由は、恐らく、大衆の生きている実態の一番もとにある部分を捉えていくという意識があるからだろうと思えます。ただ単に大衆像というものを、大衆についての像を、自分の思想的な営みの構図の中にどういうふうに位置づけるか、という意味で、大衆像を思想の中にくりこんでいくなどと言っているのでは全然ないのです。それだけのことならば、いわゆる俗流大衆路線と区別がない。このことの区別は案外、重要なのです。この点をはっきりさせておかないと、大衆の生きている生活の現実とか、そういうことを非常に強調して語る思想家であればある程、実は、自分の思想的な構図の中で、――その思想的な構図は、方法論的にかなり意識されたものも、そうでないものもありますけれども、ともかく、自分の思想的な構図の中に大衆像というものの場所を与えていく、もしくはその構図全体の中に散りばめていくということだけで思想を語ったつもりになってしまうと、そういう形で出てくる大衆というものは、出発点において、いかに大衆の生活の現実というものが見据えられていたとしても、それが「大衆像」として思想の中にぶち込まれた時には、もはや生きた大衆の、生きた生活の現実ではなくなってしまって、大衆像という一つの像になってしまっているということ、これは避け難いことなのです。思想的な営みとして我々がやらなければならないことは、大衆の生きている生活の現実というものをくりこむのだ、と言いながら、そういう仕方でもってそれがいつのまにかただの「像」になってしまうという、そこのところのカラクリをどうやって断ち切れるか、ということです。

たとえば今の吉本の文章の中で、彼が、「大衆の原像は、常に〈まだ〉国家や社会になりきらない過渡的な存在であるとともに、すでに国家や社会もこえた何ものかである」というようなことを言う時に（「情況とは何か」の結び句）、その問題意識が主張されていると思うのです。これはかなり詩的な表現ですけれども、その言わんとするところを推測すれば、国家とか社会の共同性が、あたかもそれが共同性そのものとして、共同性とはほかにはない、といった調子で立ち現れて来るのですが、そういう共同幻想には決してかかえこまれるはずのないものとして、彼は、「大衆の原像」というものを見すえている、ということです。だからこの「原像」という言い方は、やはり、先程言ったような大衆像がまさに「像」になり終ってしまう、という問題に気がついて、そのおとし穴を警戒している、と思えるわけです。国家とか社会といった共同性の手前にあるものであり、しかもそれを越えた向う側にある何ものか、という詩的な言葉で彼が表現しているのは、大衆の現実は決してそういう国家的な共同性やブルジョワ社会の社会関係としての共同性にかかえこまれるはずもないものであり、そして、それよりももっと本質的な共同性をはらむものでありながら、しかも何らかの仕方で、そういう国家的な共同性、社会的な共同性を自己の中から析出させてゆき、逆にまた、自己がそれに同化されてしまう、そういうものだ、ということです、大衆の生活が常に国家的共同性へとからみとられていくことにいらだちながらも、しかも大衆の現実は決してただそこにからみとられているのではなく、そういう「共同性」には決してなりきらないものであり、しかもそれをこえたより本質的な共同性を内包している、ということを主張しているのであり、しかも、ここで「より本質的な共同性」などというと、またその言葉の抽象性にからみとられるから、結局彼は、それを越えた「何ものか」である、としか言えないのだと思うのです。「何ものかである」としか言えない、ということはつまり、結局そこのところは、言葉として言い切ることのできないもの、つまり存在している現実だということです。そういうところを指し示したくて、彼は、「大衆の原像」ということを言っているわけです。だからこの場合むしろ、端的に大衆の現実と、先程から私が言っておりますように、はっきりと言い切っておいた方が良いのです。恐らく、彼がここで現実という言葉を避けたのは、現実という単語があまりに長い間、特に左翼思想の中で、手垢にまみれすぎてしまっているから、ということにすぎないのだろうと思うのです。しかし、内容的には、たとえ「原像」にせよ、「像」という言葉を避けて、現実と言っておいた方がいいだろうと思うのです。

もっとも彼がここでもって、「大衆の原像」と相変らず「像」という言葉を用いていく場合に、何故「像」という言葉を言わざるを得なかったのかということは、一方では、彼は「大衆の原像」というものを、彼の言うところの「家の共同性」というもの、つまり、「対幻想」の領域の問題として捉えていったから、そこで、単に存在している現実というだけではなくて、一つの社会の共同性という、そういう部分とは異なったもう一つの別の水準での幻想性があることを言いたかったのだろうと思うので、それが彼の言う幻想領域の問題を扱っている限り、やはり「像」という語を避けるわけにはいかなかったのだろう、と想像されますから、従ってここで彼が「大衆の原像」と言っている単語をただ「大衆の現実」と言いかえたのでは、彼が扱おうとしている問題を何ほどかはずしてしまうことになるのでしょう。

しかしこの点では吉本隆明は図式的になりすぎている、と思うのです。つまり、大衆というものの基調が、彼の言う「対幻想」の領域、「家の共同性」の領域にまったく限定されてしまう傾向があるので、これは図式化に伴いがちな欠陥であるわけです。大衆の生活の基調は「家の共同性」にあるのであって、それは国家や社会の共同性とは別の位相にあるものであり、しかもその両者は本来逆立する関係にあるのだ、というだけでは、その指摘がそれ自体としては正しいにせよ、それだけでは、大衆が常に常に国家的な幻想へとかかえこまれてきたからくりは解明しきれないと思うのです。大衆の生活の基調は「家の共同性」にある、というのではなく、大衆の生活が常に「家の共同性」と社会的な共同性の両者に自己を注ぎ出す構造を持っている、という風に見ていく必要があるのです。ですから、私としては、「原像」という語から吉本が展開していった方向よりも、彼が「何ものか」としか言いえないでいる点にもっとこだわりたい、と思うのです。しかし、そのことに対する批判は改めて展開し直すとして、今日は吉本論を展開するのが目的ではありませんから、最小限、彼の言う「大衆の原像を思想の中にくりこんでいく」という作業は、決して、大衆像というものを思想の中になるべく多くかつぎこみ、ちりばめていけばすむ、という風に矮小化してはならないことだ、とのみ申しておきます。ものを言う人間が、「大衆」のことをわがもの顔に語りだすと、そういうことになりがちなのです。自分が「大衆」の代表者か、代弁者であるかの如き顔をして。しかし、大衆が大衆であるのは、代表者や代弁者を持たない限りにおいてです。そんな程度の問題にしてしまった場合には、その大衆像はまさに像として抽象化する、ということを今日は申し上げたいのです。

Ⅱ

そういう問題がおこってまいります一つの実例として、批判的に取り扱う素材として、この同志社大学にかなり長い期間いた人で、伊谷隆一という人を取り上げてみようと思います。本当は伊谷隆一を引っ張り出して叩くよりも、彼の親分の村上一郎を問題にした方が手っ取り早いはずなのですけれども、伊谷さんの方はキリスト教批判の問題に関して直接に物を言っておりますから、私としては取り上げておこうというわけです。もちろん、伊谷隆一を批判することとそれ自体は、この際問題ではないので、民衆理念が思想の中に抱えこまれる場合に陥り易い一つの穴を実に類型的に示している、という意味で取り上げるわけです。伊谷は、以上のような意味で、キリスト教批判の領域に対しても、大衆の原像をくりこまねばならないという趣旨のことを口を酸っぱくして説き続けているのですが、そしてその限りでは、すぐれた役割を果してきたと言えますが、その類型的な欠陥は問題にしなければならないのです。そのことの一つの実例として、彼が私の『批判的主体の形成』に対して書いた書評を、日本読書新聞（一九七一年十月十一日号）に掲載したのですが、それを問題にしてみます。これは、それ自身としては面白い文章です。つまり、私の『批判的主体の形成』という書物とは全然関係のない、書評という名目を借りて自分の言いたいことを数枚書いたという文章ですから、書評としては全然問題にはならないのですけれども、彼がそこで言いたかった事は、彼の一つの発想を典型的に表わしているものとして面白いのです。

たとえばそこで、以上言ってきたような「大衆の原像をくりこむ」といった趣旨の作業は大変なことなので、その非常に大変なことには、「市民社会における大衆の意識構造の分析とかいったようなしゃらくさいこと」をしていても、およそふれることはできない、という言い方をするわけです。これは一方では非常に当っていると同時に、他方では気をつけなければならないおとし穴に落ちこんだ言い方です。つまり、今時の学者は、大衆の問題などということを言い出すと、すぐ市民社会における大衆の意識構造の分析といったしゃらくさいことにしてしまう。これはたとえばブルジョワ社会学が、或いはブルジョワ政治学が、やっているような分析、意識調査の質問の用紙をたくさんこしらえ上げて、それを計算機に掛けて整理して、それでもって大衆の意識構造が解ったつもりになっている、或いは多かれ少かれそれと類似の方法をもったブルジョワ政治学、ブルジョワ社会学がやってきたような大衆の意識構造の分析は、やはり、大衆の生きている生活の実態なんてものではなくて、非常に抽象的な部分で意識構造を捉えている、ということは事実あるわけです。そういうものに対する批判として、彼が「市民社会における大衆の意識構造の分析とかいったしゃらくさいこと」をやっていたのでは駄目なので、まさに、先程言ったような大変なことをやらなければいけないのだということを主張する場合には、非常に突出した正しさがあるのです。

もっとも、彼が私に対して、平田清明みたいな男を一所懸命批判したって、事は始まらないので、もしやるんだったら、たとえば、権藤成卿のような日本民衆に取り組もうとした男の思想を批判的に扱っていくのでなければ駄目なんだ、と言い出すとなると、これはもうとんちんかんな短絡です。平田清明を批判するということと、権藤成卿を批判するということとはおのずと別の課題であるので、一方をやれば他方はやらなくてすむ、ということではないのです。確かに平田清明の思想は、結局は、苦労して叩くほどの内容のものではない、という言い方は、ある正しさを持っています。平田清明に話は限らないわけですが、要するに、西欧型の、もしくは欧米型の市民意識を基盤にしたところで担ぎ出されてくるところの一つの「進歩性」、それを担いでいる知識人といったようなものは、戦後日本の社会にいくらでもころがっているのだけれども、そういう部分をいくら叩いても駄目なので、もっと「日本」を問題にしている部分をこそ見ねばならない、というふうに彼が言う時に、——その「日本」を問題にするとはどういうことか、ということは後で扱っていきますが——そういう市民社会的意識に対する批判を「しゃらくさい」などと言って放り出してしまうのでは、現代日本のイデオロギー状況を相手どることはできなくなってしまいます。だいたいが、体制内イデオロギーの表現されてくる部分は常に虚妄であるのです。しかし、それを虚妄であるからとて相手にしないわけにはいかないので、現在の市民社会の表層を下から支えている資本制社会の基礎的な構造がどのようにしてあらゆる類の虚妄なイデオロギーを生み出していくのかを明らかにしていくのでなければ、イデオロギー批判にはならないのです。イデオロギー批判とは、虚妄なイデオロギーが虚妄であると宣言することではなく、何故多くの人々が虚妄なイデオロギーにとらわれていくか、というからくりを明らかにすることです。さもないと、他のイデオロギーを「しゃらくさい」などと青くさく威張って馬鹿にしてみても、自らも形こそ異なれ、やはり虚妄なイデオロギーに足をさらわれることになってしまう。

伊谷は、平田清明の個人主義に見られるような市民社会的イデオロギーは、たとえば天皇制を支えてきてしまったところの日本大衆の現実の基盤というようなものには全然ふれてこない、と思いなして、両者を「あれかこれか」におく形で、現在生きている日本の大衆の現実の基底を撃て、というようなことを言うのだけれども、それでは、「日本の大衆の現実」という言葉自体がやはり浮き上ってしまうのです。イデオロギーそれ自体として眺めれば、市民社会的イデオロギーにしても、天皇制イデオロギーにしても、どちらも虚妄であることには変りないので、それがしかも力を持ってしまう基盤は何であるか、ということを見ぬいていく必要があるのです。その時に、両者を支える共通の根に気がつくはずです。

たとえば戦後民主主義というようなものを問題にしていくにしても、それが虚妄なものだったということはすでによく知られていることです。だからと言って、それから外に目をそらすわけにはいかない。いかに虚妄であろうとも、それが戦後二十五年間の日本の大衆のイデオロギーの少くとも過半数の部分を虚妄なままに覆ってきたものであるということは、知っていなければならないのです。この場合、少数の知識人の虚妄な理念は、決して少数者の限られた現象ではないので、広汎な民衆の意識を支配している虚妄なイデオロギーの反映なのです。この際、知識人に影響力があって、それが大衆の虚妄なイデオロギーをつくり出す、などとみなすとしたら、とんでもない思い上り、もしくは買いかぶりなので、一見そのように見える部分もあるにせよ、実際には逆なので、大衆の意識を支配している虚妄なイデオロギーが知識人のおしゃべりに反映しているにすぎないのです。だから、ここで見逃してはならないのは、戦後民主主義の虚妄性を支えて来た日本の大衆の生活の基盤と、天皇制を支えて来た日本の大衆の生活の基盤と、基礎的には同じものなのだ、ということです。知識人の西欧個人主義志向型のおしゃべりも、やはり現代日本の資本制社会の基礎的な構造によって支えられている、という点をぬきにして、大衆の生活の現実は西欧型の市民社会的なイデオロギーとは全く無縁であるはずの「日本民族の思想」なのだ、といったところに「大衆の現実」というものを伊谷隆一が解消させていく時に、それではやはり、我々の生きている場所を押さえられなくなってしまうのです。そういう意味で、大衆の現実ということを押さえていく場合に、その市民社会の構造から出て来るイデオロギーがいかに虚妄であろうとも、その虚妄さを支えている――支えている、というよりも、その虚妄さはまさに一つの疎外形態としての虚妄さですから、それと気がつかずに支えてしまっている、と言うべきでしょうが――そういう虚妄さを支えている部分の批判をぬきにするわけにはいかないのです。

たとえばブルジョワ新聞は、この間の沖縄返還協定強行採決に対して、まさにブル新的なキャンペーンをはり続けているわけです。六十年安保の時以上の大衆的な動員力であったなどということを、喜んで書きたてる。実際、六十年安保の時に国会を取り巻いた大衆の壁は大変なものだったし、数の上での力というものは大変なものだったわけです。しかもそれがついに虚妄なものにならざるを得なかったというのは、それがまさに戦後民主主義的なイデオロギーに吸収されていってしまったからであって、現在においても、その点は、同じものとして現象しているわけです。大衆が何程か動き出していった時に、結局は、相変らず社会党共産党が、戦後民主主義的な理念をアメ玉をしゃぶらせるが如くに並べていくということによって、ほんの多少国会の議席数を増やしていくというようなことに吸収されてしまう。それが起こり得るということは、今、我々の社会の中で生きている大衆が、いったん言葉を口に出していく場合には、いとも簡単に相変らず戦後民主主義的な虚妄な理念の中に吸収されやすい構造を持っているんだということは、知っておく必要があるのです。戦後民主主義的な虚妄さを撃っていくということは、また同時に、西欧型の市民社会のイデオロギーというものに対して常になびき続けてきた近代日本百年のイデオロギーの歴史を支えてきたものが何であったのか、ということを押さえていくことでもあります。それをしないで、それでは駄目だといくら念仏の如く言っても駄目なのです。自らのものではない、海の向こう側のものになびき続けるところの姿勢を、何故、日本社会が抱えてしまったのかというところに切り込んでいかなければ駄目なのです。だから西欧型市民社会のイデオロギーに単純対立的に対置するものとして、「日本民族の存在の根拠」というようなものを持ってきたのでは駄目なのです。つまり、ちょうど西欧型の市民社会イデオロギーが、まさにその社会の中で、すなわち資本制社会の中において、生きている大衆が自分の労働力を売る以外に食う道がないという形でもって毎日の生活を送っているという現実の中で、その現実の姿と、それから、市民社会的なイデオロギーとが全く分裂し、従って後者が全く虚妄なものとして表われているということ、これは日本だけの話ではないわけですが、そういう一つの観念的に浮上してしまっているところの市民社会のイデオロギーに対する対立物として、「日本民族を支えている基底」というものを、いきなり直対応的に持ち出してくるとすれば、それは前者の裏返しとして出てくるにすぎないから、従って、こちらもまた、一つの観念的浮上をしてしまうことが避け難くなってくるのです。だから、そういう虚妄さを何が支えているのかということを追求せねばならないのです。

その意味で、今日問題にしたいのは、伊谷隆一が、「大衆の現実」というようなことを言っていく場合に、それを実にはっきりと民族性と同一視しているという現象です。つまり「民衆」という言葉を彼は言い続けるのですが、いつのまにかそれを「民族」という言葉に取り替えていて、しかも自分でその取り替えに気づくことさえしていないのです。その場合に、「大衆の現実」が観念的に浮上してしまうということなのです。伊谷が「大衆」を強調する場合には、確かに、今日の話のはじめに強調した問題意識、知識人ができあいの概念をこねくりまわして、それで思想になるかと思っていることに対して、生きている大衆の生活の実体からそういう「思想」を撃たねば駄目だ、ということを、彼も強く主張しているようなのです。たとえば、彼がキリスト教知識人の運動を批判して、そこには、「私どもがひとたびも自力で手に入れたこともない論理」が――というのはつまり、西欧型の市民社会の作り出した近代的なイデオロギーをさしているのですけれども、そういう論理が「すらすらと語られているという〈戦後〉の知識構造の本質が透けて視えるということばかりではなく、日本天皇制をその根底の所で支えた、日本の大衆の暗く重たい生命原理に決して到達することのない〈思想〉が提示されているということである」（『回帰と憂憤のはて』国文社刊、一九七一年、一三九頁、以下引用はこの書物から）、だから、キリスト教的知識人の平和運動などは駄目だと言う時に、それは一応当っています。――もっとも、彼がこのことを彼の言う「造反キリスト者」に対する批判として述べているのは、およそ的はずれなのですけれども。つまり彼は、我々「キリスト教を変革する集会」その他で全国的に結集しているところの宗教批判、教会闘争を担っている部分を批判しているつもりなのですが、我々の運動の内容についてまったく無知であり（ブル新的評論家からほんの僅かに聞きかじったという程度の知識をもとにして批判など展開できると思ったら、思い上りもはなはだしい）、従って、我々を、一方では、「叛逆者イエス」を指導理念にして「大衆をこちらのヘゲモニーのもとに集約すればよい」などと考えている左翼小児病患者に仕立てあげてしまうのです（そういう「イエス主義」をこそ我々が批判しているのも知らずに）、また、他方では、我々を、「戦争責任告白」をまさに戦後知識人的甘さでもって作文していったかつての教団首脳部とまったく混同して批判してみたり、およそとんちんかんなのですが、それはともかく――彼が、日本的知識人集団であるキリスト教に対して、「知識人と大衆」の問題を素通りしてはならないとつきつけているのは正しいのですが、こういうせりふは念仏の如くに繰り返していると、いつのまにか違うものになってしまうということも同時に言っておかなければならないのです。

　つまり、彼の言う「日本の大衆の暗く重たい生命原理」というようなものが、いつのまにか抽象的な大衆「像」になって、その像に対してロマンチックに寄りかかっていく場合には、それは観念的な浮上物にすぎなくなる。その瞬間に、彼は、この「日本の大衆の暗く重たい生命原理」なるものを、ただ「日本」という単語に置き換えてしまうのです。今引用した文の最後のところで彼は、キリスト教知識人の場合には、「〈日本〉が語られることはない」と結論づけています。つまり「日本の大衆の生命原理」を、ただ「日本」という単語に置き換えているのです。あるいは、「日本天皇制をその根底の所で支えた日本大衆の暗い生命原理」という言葉が、先にいくと、「大衆」という単語がすりかえられて、「日本天皇制をその根底の所で支えた日本の民族の暗い生命原理」というふうに大衆と民族が同一視されてしまうのです（前掲書一四六頁傍点は私）。気がつかずに読んでいけば、すっと読み飛ばすところです。伊谷氏は本気になって大衆の生活の基盤というものを問題にしているのだ、などと感心して読んでいたのでは駄目なので、いつのまにか、そのすりかえのおとし穴に落とされてしまうのです。何故こういうすりかえが可能になるかと言うと、この場合、語られている「大衆」が、まさに大衆「像」に対するロマンチックな寄りかかりであるからなのです。

同じことをあと一つだけ実例として上げておきますけれども、先程言及しました「読書新聞」における彼の私に対する批評の中でも同じような言い方が出てくるのです。天皇制を根底において支えるような「日本の大衆の存在根拠そのものを否定していく」作業をやらなければ駄目だ、田川、お前はそういうことが少しもできてないではないか、と彼は文句をいうわけです。このせりふそのものにこだわるとすれば、日本の大衆の存在根拠そのものを否定するというような、そんな大変なことができるわけがないのです。大衆の生きている存在根拠そのものを、というのはつまり、まさに生きている生命そのものを否定するなんてことはできるはずもないし、そんな否定を本気になって実行しようなどというような甘い奴がいたら、こっちはやはり喧嘩せざるを得なくなる。これはできっこないわけですよ。否定しなければならないのは、その日本の大衆の存在根拠そのものが、いつのまにか日本天皇制を根底のところで支えるものへと吸いこまれてしまうという、そういうところにすっと横すべりさせられているという、そのつながりのところなのです。そこをどう否定的に断ち切るかということが問題なのであって、大衆の生活の根拠そのものを否定することなどできますか！　もっとも伊谷も本気になって否定するつもりもないので、ロマンチックに大げさなせりふをふりまわしただけなのです。まあ彼を、新日本浪漫派とでも呼んでおきますか。だから、一方ではそれを否定すると言いながら、他方では、まさに日本民族主義を高らかに謳い上げていくところに流れ込んでいくわけです。――それはともかくとして、彼の「日本の大衆の存在根拠そのもの」という言葉が、数行先にいくと「波濤の底なる日本の民族の暗い怨念」という言葉で言い代えられていくわけです。ここでも無意識の内に「日本の大衆」という言葉が「日本の民族」という言葉に置き換えられていくわけです。実際問題として、大衆の生活している現実は、ある意味では、実にみみっちいところに転がっているわけですよ。こっちの八百屋で大根が一本四十五円だったのに、それを見ておかないで、ちょっと先に行って四十八円のを買ってきてしまって、大変損をした、というようなところで毎日生活しているわけですよ。（この文を読んだ一人の東京の読者が、みろ、田川は大根の値段も知らずに大衆の生活について話をしている、今時大根が四十五円で買えますか、と言ったそうですが、これはこの話をした時の堺市の実際の大根の値段なので、時間がなくて、暗くなって店のしまる直前にかけこんで買いものをして、すぐあとで別の店でもっと安いのを見つけてほぞをかんだことがあるのです。）そういう部分が大量に積み重なっているのが大衆の生活なのですよ。伊谷の言うような「波濤の底なる」なんて気どったものではないのです。

大衆の生きている現実を、知識人の言葉の虚妄性に対置させようとすると、なんとも言えないドロドロとしたものがたくさんあるんだという、そういうドロドロしたものを言葉にしていくと、「ドロドロ」とか「暗い」とかいった抽象的な、ロマンチックなせりふが次から次へと出てこざるを得ないわけです。近代主義のイデオロギーの中で並んでくるような水準での論理性を孕んだ言葉に対して、そうじゃなくてドロドロしたものがあるということを言いたくて、結局、こちらもまた、別の水準での一種の論理性をもった、というよりもむしろ、抽象的な、ロマンチックなせりふを並べていかざるを得なくなってしまうのです。伊谷の場合ならば、「波濤の底なる暗い怨念」とか、「日本民族の暗い岩盤」とか、そんなせりふばかりを並べている。「大衆の現実」をそういう言葉でしか言えなくなってくる。「己れらの心のかげりと屈折」とか、「日本民族の魂のどん底」とか、そういうロマンチックな単語を次から次へと並べていく時に、本当はそれは言葉にならない部分として意識されていなければならないのが、そういう言葉として出していくたびに、あっちの大根いくらだった、というような実際の生活のイメージが段々欠け落ちていってしまって、「波濤の底なる」とか、「暗い岩盤」とかいう、全くの抽象性の言葉だけが残ってしまうのです。そういう抽象性の言葉の中に大衆の生きた現実を吸い上げていく発想をこそ拒否しなければならないのです。

Ⅲ

ところで、少し話が飛ぶようですけれども、そういう問題に対して私自身が日常的に取り組んでおりますところのキリスト教批判の領域から、何が見えてくるかということを申し上げてみたいと思うのです。こういう素材から私の申し上げますことに、ある限界があるということは、充分承知しているわけです。つまり、一世紀から二世紀にかけての原始キリスト教批判というものをやっていく場合に、一方では、以上申し上げてまいりましたような意味での民衆理念の観念的な浮上が、まさに日本民族主義のイデオロギーを作っていく基盤になっていくというようなこと、そのほかにも、現代日本においていろいろな形で動いているイデオロギーに対する問題意識を意識的に我々が持つのでなければ、原始キリスト教においてどのような仕方でもって、イスラエル民族主義が普遍的「キリスト教」に吸収されていったのか、というようなことを問うていく問題意識をそもそも持つこともできないわけです。ですから、我々が今ここで抱えている問題意識から、一世紀のキリスト教の実態が非常によく見えてくるところがあるわけです。同時に、このようにして一世紀の原始キリスト教が抱えていた実態を十分に批判していくことができれば、今度は、そこから逆に現在の問題が見えてくるという、そういう相互に見えてくる関係があるのです。私が、今のところやり得ているのは、そこまでの水準のことです。本当は、宗教批判にできるのは、そこまでのことです。実はその先まで行かなければいけないのです。そのようにして、たとえば一世紀の原始キリスト教を批判的に追求し切っていくところから、あるものが、現代のイデオロギーの動向に関しても見えてくると、それでもって、現代を相当程度まで批判的に叩いていくことができる。ただ、そのような仕方で見えてくるものだけでは捉えきれない部分、まさに現代は現代でしかないのであって、我々の現実は我々の現実でしかないという意味で、そういう方法では到達できない部分が最後に見えてくるわけです。これは、現代批判それ自体として追求していかなければならないことなのです。今日申し上げる私の話は、その一歩手前のところまでしか到達していないということをお断り申し上げておきました上で話を進めます。

もっとも、キリスト教の持っている「普遍性」というもの、古代の宗教であるはずのキリスト教が、何故、近代の出発点においてそのイデオロギー的側面を支える大きな役割を果し得たかという問題は、どうしても見ておく必要があることなのです。近代的なイデオロギーは、常に何らかの意味で普遍主義的な抱え込みを基盤に置いているわけですから、それで、普遍主義を標榜するキリスト教が、それに対して、一つの貢献を為していくこともできたわけです。そういう意味で、キリスト教の持っている普遍主義の特質というものを見ていく必要があるのですが、これは、いろいろな方向から分析することができます。一つには、イスラエル民族主義との関係があるので、一、二世紀のキリスト教は、イスラエル民族の宗教というのではなくて、古代地中海世界においてまさにコスモポリタン的に民族性を捨象してしまったのですが、世界の宗教たり得るためには、その出発点において抱えていたところのイスラエル民族主義を、どこかで放り出す必要があったわけです。しかし、それを、どういう仕方で放り出していくかということなので、ただ単純にそれを放り出していったのでは、逆に、全然説得力を持ってこないということがあるのです。それで原始キリスト教においては、主として、二通りの型で、イスラエル民族主義が処理されていったわけです。

一方は、御存じのパウロの場合でありまして、彼は、あらゆる類のイスラエル的民族性を、彼自身としては非常に郷愁を覚えるものとして言及しながら、民族的な要素そのものは、直接的には、単純否定して放り出してしまったのであります。イスラエル民族の伝統に関わるものは、一切合財無益であったということで、放り出していくのです。しかし実際問題として、そういうことはできっこないのです。民族主義的なイデオロギーを放り出すことはできても、民族の生きている現実をみんな放り出すわけにはいかないのです。だからパウロの放り出し方は、一つの思いこみにすぎないのです。批判的に解体することなしに放り出してしまうが故に、彼の思想構造の中では、まさにイスラエル民族主義が抱えていたところの一つの観念的浮上の形態が強く支配してしまう。つまり、現実を抽象性へと浮き上がらせていって、そしていつのまにか、その抽象性の方が本当の現実であると思い込ませていくような、そしてそのとたんに、彼の頭の中では現実と観念とが逆転してしまって、存在している現実の方があたかも虚無な空間であるように思われてしまうような、そういう思想構造を、何故彼が保ち続けたかというと、存在している現実を観念的に浮上させていく、その非常に執拗な、そして強靱な発想を、イスラエル民族主義が保ち続けてきていたからなのです。少なくとも古代社会において、イスラエル民族主義ほど徹底的に、民族性と、法の水準の発想と、――法の水準の発想が出てくれば、必ず、個々の個人を抽象的市民として処理する発想が伴ってくるわけですが――それから、宗教性と、この三つを国家という水準で、しかも、イスラエルはほとんど常に政治的には自分達の独立国家を失っていたわけだから、その国家は幻想的な国家でしかないのだけれども、この民族性と法と宗教とを国家幻想の中でまとめてしめくくっていたという、そのことをやりぬいたという点で、イスラエル民族主義ほど徹底したものを持ち得ていたものはないわけです。そういうイスラエル民族主義が、今言ったように、あらゆるものをイスラエル国家を中心として、その三つの水準のものを抱え込んでいくという、その強靱な方法が、イスラエル的発想の中に長年生きてきたパウロにとっては、キリスト教に改宗した結果、直接的に民族の匂いがするものを放り出したというだけでは、頭の中からぬけきれるはずがなかったのです。イスラエル民族主義の中には一種の普遍的真理の追求、つまり民族の枠の外に出ることはなかったけれども、民族の内部では、あらゆる個人を、生きているあらゆる人間を、共同の宗教性として、共同の法律水準に抱え込めるものとして、共同の民族性に抱え込めるものとして、普遍的な「人格」として抱え込んでしまうという強烈な発想があるわけです。生きているあらゆる人間を普遍的な人格として抱え込んでしまうというその発想を、パウロは「民族」の枠をはずすことによってもう一回広く拡散させたにすぎなかったわけです。

ここで本当にやらねばならなかったことは、このように民族の枠を取り払うことによって、その普遍性の水準を更に広く拡散させていくことではないのであって、生きている現実が、そういう普遍性の水準へと抱え込まれていくその方法をこそ拒否しなければならなかったのだけれども、パウロのやったのは、ユダヤ民族主義を正面から否定したつもりになっておりながら、ユダヤ民族主義の持っていた疎外形態を全世界的に拡大していったという役割でしかなかったのです。

もう一つ原始キリスト教に出てくる型はマタイ福音書の著者であって、彼はパウロのように簡単にユダヤ人の民族性を放り出すことはないのです。彼の場合には、ユダヤ民族主義の一番の正当な継承者こそ自分達キリスト教徒だと思い込んでいくわけです。本当は、一世紀のキリスト教会という、ユダヤ人社会の中から半分ぐらいは外に出たところのイデオロギー集団が、ユダヤ民族そのものであるはずがないわけです。そうすると、そういう一つの閉鎖された宗教集団を、これがユダヤ民族そのものの正当な伝統の継承者だということを言い切るためには、どういう概念を導入してこなければならなかったのかというと、「本当のイスラエル」という、「真の民族」という抽象的理想概念です。現実に存在しているイスラエル民族は、あれは「本当の」イスラエルではないので、自分達こそ「真の民族」だという形でもって、「真の民族」ということを言い出した場合には、もはや存在している民族性が「真の民族」というところに抽象化して抱え込まれるわけです。その「真の民族」というものは血統としてのユダヤ人だけではなくて、全世界のあらゆる民族の人間に広められていくものだ、全世界のあらゆる民族を真のイスラエルたる教会へと吸収してゆく、そういう形でもってマタイは、イスラエル民族の抱えていた、イスラエル民族主義の持っていた、普遍性志向を、パウロのように直対応して否定したが故に逆に拡散させてしまったというのではなくて、自覚的に拡散させてゆく作業をやったわけです。「キリスト教こそ真のイスラエルである」という形で。パウロとマタイと、この二つの作業こそが、キリスト教を世界的な普遍宗教として成立させた大きなイデオロギー的な役割を果たしたものであったということができるわけです。それ以降、キリスト教がどういう仕方で地中海世界の支配的なイデオロギーになっていったかということは御存知の通りです。

従って、ユダヤ民族主義が、生活しているすべての大衆を常にイスラエルという国家幻想の中に吸収してきた、その普遍性への吸収の仕方を、より一層徹底して拡散させていったものが原始キリスト教だ、という結論を出さざるを得ないわけです。しかしこれは、パウロとかマタイというような人物が個別にやった作業ではないのであって、原始キリスト教というものの出発点においてすでにそうだったということは明らかにしておく必要があるだろうと思うのです。また原始キリスト教のこの種の普遍性志向は、当時の地中海世界の大衆に広くうったえた。けれども、だからと言って、原始キリスト教は決して大衆の宗教ではなかったのです。いかに大衆が数多くその中に組みこまれたとしても、それが大衆の宗教になるとは限らないのです。信者の統計をとってみれば、社会の下層階級に多くの信者がいるとしても、そういう宗教が大衆の宗教であるとは言えないので、そういう宗教こそ大衆を観念的に収奪してゆく宗教だということの方が実は多いわけです。そういう意味で原始キリスト教が決して大衆の宗教ではないということをはっきりさせておく必要があると思います。原始キリスト教の出発点において、パウロやマタイのやったような普遍化の作業を典型的な仕方でなしたのが、所謂エルサレム原始キリスト教団であったわけです。エルサレム原始キリスト教団がどのように一世紀のパレスチナの政治的な支配体制とも密着していたかということは、すでに紀元四十年代――イエスの死後、約十年たった後のことですが――その時点ですでに、エルサレム教団の権力者としての位置にあったイエスの弟ヤコブが立っていた位置から知られます。エルサレムでローマ支配と結託しながら一世紀パレスチナの二重支配をつくり上げていたところのユダヤ人宗教貴族集団、これは主として上級祭司およびそれを内外から補完するサドカイ派とパリサイ派の律法学者によって支えられていたわけですが、その中に立ちまじって、そこで一つの宗教的かつ政治的な権力集団として原始キリスト教団があり、その代表者としてヤコブがいたのです。そういう中でもパリサイ派的権力集団と非常に親近性を保った形でヤコブを頂点とするエルサレム教会は存在していた。だからこそヤコブは六十年代のはじめに、パリサイ派シンパの中でも一番権力の強い奴として、反対派のサドカイ派からにらまれて、クーデター的に殺されるのです。これは決して殉教の死などというしゃれたものではないので、その殺され方は、例えば、今だったら、アメリカ帝国主義にしっぽをふっているアジア諸国の支配者集団の中での相互の殺し合い、というような感じであるわけです。そういうヤコブという男を中心にして作り上げられていっているエルサレム原始キリスト教団が、どういうものであったのかということは、大体想像がおつきになると思うのです。

そういうものに対して一つの反抗原理を突き付けていったのが、マルコが書いた福音書だったわけです。エルサレム原始キリスト教団に対する一つの反抗原理として、マルコという人物は、イエスの生涯を福音書として描いていったのです。彼はそういうエルサレム原始キリスト教団を向う側に見すえ、彼らイエスの弟子集団はいつでもエルサレムにおける権力集団へと吸収される方向へいく、しかし、イエスという人物はそうではないので、常に、常に、ガリラヤの田舎でもって民衆の中で活動した人物であるということを、そのエルサレム弟子集団に対する、そしてまた、エルサレム弟子集団をも包含していっているエルサレム支配体制に対する反抗原理として、マルコ福音書の著者は、イエス像をくどいほど強烈に描き出していくわけです。そういう意味で、一世紀キリスト教の中で、一つの批判的亀裂を、批判的な断面を、創り上げていったのがマルコ福音書の著者なのです。彼のような形で民衆というものを突き出していく時に、これは非常に強力な批判原理たりえているということは確かです。そのことは、私としては、別の所に随分書き、また、話しもしてきたので、今日はそのところを中心的に言いたいのではないのですが、一言二言つけ加えておきますと、マルコがそういう支配体制に切り崩され、抱え込まれていくようなエルサレムの宗教性に対する批判原理として、民衆というものを非常に強調して突き出していく、これは、マルコとしてはただ単に民衆ということを言っているのではないので、例えば、同時に、中央都市のエルサレムに対するガリラヤの地方性という場所の問題も突き出していくことができるとか、或いは、マルコの描いたイエスがやったのは、ユダヤ教という一つの宗教性に対して、キリスト教という別の宗教を作ることではなくて、ユダヤ教批判を通じて宗教批判を貫徹することだったと思うのですけれども、そういう宗教批判の視点を民衆理念から創り出していくとか、というような作業をやっているわけで、マルコの民衆理念というものが、どういうふうに一つの地方性に目をつけていく視点を生み出していくかとか、宗教批判を貫徹していく視点につなげていくとか、そういう広がり方には、眼をつけておく必要があると思います。だから、そういう場に置いていくからこそ、マルコの描くイエス像が非常に生きた像として出てくるということが言えるのです。

ところが、同時に――ここから先は、私自身が今抱えている問題でもあるのですが――このように一つの批判原理、否定原理として突き出してゆくところの民衆理念というものは、我々が、今、活動している時に、常に同じことをやっていけるのですし、やっていかなければならないのです。あらゆる浮き上がった運動に対して、またそれよりもまさに、あらゆる支配体制の力に対して、生きている民衆の実態の生活の素材を次から次へと語り出していくことによって、そういうものに対する否定の意味を、否定原理を、常に突き出していくことができるという、これはやっていかねばならないことなのです。しかし、それをやっていったマルコなる著者の場合――いつでもそうなるとは申しませんが、例えばマルコの場合にはこんなふうになってしまったという一つの問題として申し上げるのですが――そのようにして突き出していった民衆理念が一つの抽象性として出てこざるを得なかった。そこはマルコにおいては、どうも避け難かったことだという問題もふまえておく必要があります。

たとえば、教会内に伝えられた伝承というものは、イエスなる人物がかくかくしかじか、こういう話をしました、という発言の内容だけがごく短く伝えられているわけです。それをマルコは文章化してゆく場合に、イエスが発言した時に、「イエスのまわりには民衆が大勢いました」というふうに「民衆」場面に構成し直すのです。伝えられていた伝承そのものには別に民衆のイマージュも何もないのですが、マルコはそれを採用するたびに、くどいほどに何度も「イエスがこれを話した時には、まわりに民衆がいて聞いていたのです」と註釈をつけるのです。「イエスのこういう話はいつでも、民衆の場から語り出されてきたものです」というのがマルコの主張なので、その「民衆」という言葉を導入していくことによって、イエス像を作り上げようとしていったのです。或いは、教会に伝えられた言葉に、「イエスの本当の家族は誰か」というのがあります。「我が母、我が兄弟とは誰か。神の意志を本当に行なう者が、我が母、我が兄弟である」というせりふです。しかしマルコがこれを整理する時には、それに自分の答えをつけ加えるわけです。イエスのもとに集まっていた「民衆」を定冠詞つきで、「民衆それ自体」という言い方で、「この民衆こそがイエスの真の家族である」と言って、伝えられた伝承の言葉を「民衆それ自体」に繋げていくわけです。こういう仕方でマルコは、イエスの言葉を、イエスの活動を、民衆の場に引き戻していく作業を行なっている。しかし、マルコが「民衆」という言葉を突き出していく場合には、実際にガリラヤに生きている民衆の生活を直接に語り出していくという仕方ではなくて、イエスの活動は民衆のものだったのです、という形で、いつでも民衆という言葉を、言葉として、そこに付け加えていくというだけの作業をやっているのです。

　しかし、この言葉としての付け加えの作業が非常に生きてくるのは、これがただ単に「民衆の場」というものを口にしているというのではなくて、一つの支配体制に対する反抗の原理として、否定の原理として語られている限りにおいて力を持ってくるわけです。しかし、その反抗の原理、否定の原理として置かれている位置をぬきにしてしまって、マルコの民衆像それ自体をぬき出そうとすると、これは実に抽象的に「民衆」ということが言われているにしかすぎないのです。やや一般的に言い直すならば、民衆の存在を言葉にしていけばいくほど、それはある種の抽象性にのめり込まざるを得ないと言うことです。これは、民衆の存在それ自体が、いつでもある種の抽象性にのめり込むということではないので、民衆の存在を言葉にしていけばいくほど、という、その「言葉にしていく」という操作が介入してくると、直ちに、いかに民衆の現実を語り出していくものであるとしても、何程か抽象性にのめり込んでいくということが避け難く出てくる。しかもそののめり込みを避けるために、一切の言葉としていく作業を我々が放擲してしまうとするならば、実際問題としては、常に一人一人の民衆の頭の中に、あらゆる類の言葉が体制のイデオロギーを担うものとして、流れ込み、注ぎ込まれているわけですから、我々がそれに対するものとして我々自身の言葉をつかみ取っていく、という作業をやり通していくのでないとするならば、存在している言葉を撃つことはできないのです。従って、ここでは矛盾する作業を抱え込まざるを得ないのです。言葉にしていく作業を続けていくことによって、否が応でも、一つの抽象性の水準へ抱え込まれていかざるをえず、しかも言葉にする作業を怠ると、それはまたそれで、言葉に対する批判的鋭さも忘れるから、結局観念的抽象性に不用意に足をすくわれる、ということなのです。先程から何度も言っていますように、民衆の生きて生活している部分は、言葉になり切らない部分です。言いかえれば、それは顕在化した言葉に対する「影」の部分として存在する。もっとも、「影」と申しましたが、もちろん、「虚妄な幻想」というのではなくて、観念存在である言葉に対しては影としてしか存在しえないような部分として存在している、ということです。だから、民衆の生活を言葉にしていくことはまず不可能でありながら、それをなしていかなければ、我々の言葉はますます観念的に浮上し、その観念的浮上物によってかえって民衆の生活がしめつけられる、という悪循環があるのです。

IV

それで、そういうことを頭においた上で、先程の伊谷隆一の問題にもどってきて、民衆理念がどのように観念的に浮上するか、ということに結論をつけていきたいと思うのです。先程言いましたように、彼の場合「民衆」という単語を非常に強調しておきながら、いつのまにか、「民衆」という単語が横すべりして、「民族」というふうに言い換えられていく。或いは、「労働者」「大衆」ということを強調して言っていく場合にもまた、「民族」というところに吸い上げられていく、というような言葉の無自覚的な横すべりがあるのですけれども、そういうふうに、何故「民衆」が「民族」に——この場合の「民族」とは存在している民族というよりむしろ民族主義として表われる抽象性なのですが——吸収されていくのか、と言うと、たとえば、こういうせりふが目につくのですが、「愚俗の絶えざる生死の中で、それらを負いこもうとするときに已れらが内部にこつぜんと顔をあらわした〈日本〉」というせりふ(前掲書一五七頁)、これは彼の中に、一番大事なものとして出てくるわけです。そういうふうに「忽然と顔をあらわしてくる日本」などというものは、まさに宗教意識の典型的な姿なのです。彼自身としては、宗教ではないつもりなのですが、こういう形で「忽然と顔をあらわしてくる日本」などというものは、実は、典型的に宗教意識の疎外構造と同じ構造なのです。たとえば、市民社会的なイデオロギーの場合には「平等な市民」とか「自由」とかいう形でもって、一つの疎外された観念性が排出されてくる。その排出のされ方と彼の「日本」の排出のされ方の構造が同じだということを見ておくべきです。出てくる理念同士が一方は無国籍的なコスモポリタンの世界人であり、他方は「波濤の底なる暗い日本人」であるのですけれども、どちらにせよそういう抽象理念が、「忽然と顔をあらわし」てしまう、その観念構造を断たなければ駄目なのです。多少、伊谷のために弁護しておきますと、伊谷も決して、こういうような「忽然と顔をあらわしてくる日本」というものをそのまま肯定的にかつぎ回っているのではなくて、それをどこかで叩かなければ駄目だということを言うのですが、その叩き方が彼の場合、こうなのです、つまり、たとえば、戦時中の日本の民衆は戦争にのめり込んでいったのだが、戦争は決して支配体制だけが作ったのではなくて、民衆が直接積極的にそこにのめり込んでいったのだ、ということを指摘した後で、しかしそれは、ただのめりっこみぱなしではなく、「己れの存在をかけ、まるごと戦争の思想のなかにのめり込み逆転させることを期し」(前掲書一七五頁、傍点は私)ていくというのです。この言い方が彼の思想の基調であるようです。たとえば戦争なら戦争の中に、日本民族の勝利のためにとばかりに、まるごとのめり込んで行って、バァーッと死ぬまでやっていく。そうすると最後には、戦争にのめりこまされるような状態が逆転する、というわけです。最後には逆の方向に行かせるために、今のところはそっちの方向にせっせと押しているのだ、というので、そのようにまるごと加担する者だけが何かをなしうるのであり、高見の見物をしていては駄目だ、というのです。このように彼の場合、「逆転」ということを一応言ってはいるのですけれども、しかし世の中は、決してそんな、まる事のめり込んで、それをギリギリまでつきつめていけば、最後にはうまく逆転する、というような甘いものではないのです。そうではないので、何故民衆の生きた現実が、いつのまにかそういうところに、たとえば「民族性」というところに、まる事のめり込んでしまうのかという、その手前の地点でもって断ち切らなければ、それにまる事のめり込んでいって、バンバンやっていけば、最後に行き着いたところでうまくひっくり返るさ、というような期待を持っていたとしたら、その期待はまさに一つの新しいロマンチシズムとしてしか出てこない、ということなのです。

だから、彼の場合、戦争の悲惨さというようなことについて、こういうことを平気で言うことができるのです、「戦争は人が人を殺すから悲惨なのではない。あるいはまた、ひどい空襲と困窮のゆえに悲惨なのではない」（前掲書、一五九頁）と。いい加減にしろ、と言いたくなります。実際に、僕の子供の頃生きていた家の近くに爆弾が落っこちて、僕ら子供は疎開していたわけですよ、その疎開先から友達と一緒に帰ってきたら、彼の家はまるまる消し飛んでいて親も兄弟もみんないなくなっちゃった。残ったものは、自分のそのなつかしい家の中に残ったものは、これだけの穴だった、という、そこに大衆の生活があるわけですよ。人が人を殺すってのは、そこでもって実際に、その人の命を奪い去っていく、血を流し、人間の生命がつぶされていくということです。そういったようなことを平気で「悲惨ではない」と言い切れる神経というのは何なのか。彼は続けて「戦争は悲惨である」というのはそんなことではないので、「さまざまな接点で人おのおのが、己れらが生命を燃えつくすほどの決断と覚悟の相に支えられた心のせめぎあいと昂ぶりを、その核心に据えていてこそ戦争が戦争たりうる」という、つまり、民衆がその戦争に「これが俺の生きる道だ」と言ってのめり込む、そういう「心のせめぎあいと昂ぶり」を戦争にこめているからこそ、だから戦争が悲惨なんだ、と言われると、「冗談言うな」と、僕はやはり言いたくなります。戦争の悲惨さというものは、決してそんな所にあるのではないので、民衆が戦争の悲惨さを受けとめていく時には――戦争というものをいつでもそういう水準で考えて良いというのではありませんが――常に、常に、「俺の親父が殺された」とか、「私の亭主が殺された」とか、「俺の住む所がなくなっちゃった」という、いや、「俺が殺される」という、そこに、まさに民衆の生活があるんだということです。日本の民衆の存在の根拠なるものをあれだけ強調する評論家が、結局は、戦争の悲惨さというものをこういうところにしか吸収させることができなかった、ということは、つまり結局彼が「日本民衆の生命の根拠」ということを「日本の民族がどのようにして生きのびるか」という問題に還元してしまったところに理由があるわけです。

伊谷隆一のこういう文章は思想としてはたいした思想ではないのです。苦労して時間をかけて読んで、苦労して議論しなければならないというような程度のものではないのです。しかし、これをわざわざ私が今日取り上げたのは、その出発点においては、大衆の生活の根拠から出て行くのでなければ駄目だ、ということを、知識人の虚妄性に対して明晰につき出す問題意識を持ちながら、それが中途半端なものでしかないと、かえっていとも簡単に観念的に浮上してしまう、その観念的な浮上の一つの型として、かつての戦前戦中の日本民族主義の動向があったし、今も、日本民族主義の新たな動向があるんだということを知っておく必要があると思ったからです。

大衆の存在根拠を、我々は一方では常に言葉として突き出していく必要がありながら、しかも、それをなすのは、否定の拠点としての意味にとどまるので、言葉化する作業にそれ以上の意味を持たせるわけにはいかないのです。つまり現実には言葉として抱え込むことができない部分があまりにも多すぎるのであって、その部分こそ民衆の存在の現実であるということを知っているならば、我々がそれを敢えて言葉として出していく時には、その言葉の持っている限界が否定原理という場所にしか留めおかれないものだということを知っておく必要があるということです。もう一つは、民衆理念が観念的に浮上する時に、その浮上する最初の地点で叩け、ということが言われなければならないということです。と同時に、民衆理念が観念的に浮上するだけではなくて、まさに生活している民衆自身が、そういう観念的な浮上の中に抱え込まれるという現象が常にあるわけです。今だって常にあるのです。生活している民衆自身が——民衆は決して言葉を持たないわけではないのです。いろいろな言葉をいつでも持っているのです——その言葉を口に出していく時に、口に出した一言が、直ちに観念的に浮上してしまう、そういうところに抱え込まれていくという操作は、常にあるわけです。だから、民衆理念が観念的に浮上することを叩くだけではなく、民衆自身の言葉が観念的に浮上していく、その浮上しきった先端ではなく、その出発点でどこまで断ち切ることができるのか、という問題意識を我々が持ち続ける必要があるだろう、ということなのです。そういう問題意識を少くとも問題意識として保っていく一つの出発点として、先程申し上げました原始キリスト教に対する批判的な分析が何程かの素材を提供してくれるであろう、というのが今日の話の趣旨です。

新しい知性の創造

I

現代社会は知識によって支えられている。文部省が構想したモデル大学が情報科学を中心にしているのもそのせいである。厖大な量の知識とその伝達が現代社会を支えると知っているからこそ、既存の効率の悪い大学に対してこういう「新幹線大学」を作ろうなどと考えつくのである。そしてこれは単に思いついたなどという程度のものでなく、現在の社会を維持していくための必然的な要請でもあろう。――もっとも、「新幹線大学」などというのは、大学問題がはなばなしく論じられていた時の打ち上げ花火のようなもので、実際には、むしろ既存の大学をそういう構想の方向へとしめあげていく、という形でことは運ばれている。それも、学生や相当数の教員にはそのからくりもつかみ難い予算操作などを通じて。――そしてそこではもはや知識の質は問われず、知識の量とその確実な整理伝達が問われる。いや、質が問われない、というのではない。有効性の高い「合理的」な知識が求められる。そのようにして知識が利用しつくされていく。そういう知識を追い求める学問が体制に奉仕する僕とみなされるのはやむをえない。しかもそれが大学における学問だけでなく、およそ何らかの意味で知的作業に関わる者は、多かれ少なかれそういうからくりの中に編みこまれているのである。

だからこそ、六八、九年の全共闘運動が一方では極めて強く政治的な運動でありつつ、同時に既成大学の知的探究のあり様を否定する運動として現われたのである。これは事柄の核心をついているのであって、個々の知的探究はそれ自体として大いに意味があり、真理の一端に関わっているようでも、そしてまた、そういう探究に大なり小なり関係したり見聞きする人は、そういう探究が何らかの仕方で人類の進歩に貢献しているのだという確信を持つのであるが、それだけで終ってしまうと、木を見て森を見ないようなもので、それ自体としてはいかにも正しく思われる知的探究が全体としては体制の維持擁護のために用いられる、という結果になっているのである。そこで、個々の知的探究を操作して現体制に奉仕せしめる機関としての大学の研究構造が批判されたのであり、それも単なる批判的言辞に終るのではなく、大学の存在をすら否定しようとする行動になって現われる。それに対して、文部省が、「新幹線大学」などをこしらえて解決をはかろうとするのは、いわば方向が逆なのである。既成大学の中にはまだ前近代的要素や反近代的要素、それに本来近代社会の発展に直接貢献することのない文学その他の無駄な分野をいろいろかかえていて効率が悪いのだが、それらを切り捨てて最も効率良く知的探究を体制維持へと還元していくのがモデル大学の構想だったのだから、これでは否定されるべきものだけを特に撰りわけて強化していることになる。

ここでは大学問題をとりわけて論じることはしないが、確かに、現在の日本の諸大学における無駄の多さには唾棄すべきものがある。しかしだからと言って、大学の機構を「合理的」にしめあげようとするのは正しくないし、また所詮無理である。すでにある程度は大衆的な場所になった大学において、合理性のみを基準として大学を設定しようとしても、必ず無理が生じ、その無理は愚劣さになって現れる。愚劣なことは縦から見ても横から見ても愚劣なので、近代主義的合理性に反抗するあまりに、その裏返しとして、愚劣なものを誉めあげるのでは、結局一つ穴のむじなになってしまうだけだが、他方、合理的精神によってその愚劣なものだけを除去しようと思っても無理なので、それは、押しつけられた合理的なたてまえが生み出すひずみからしみ出てくる膿なのだ。それは病気の徴候であり、熱のある患者を氷でひやしたとて、病気の原因は除去されないようなものだ。熱は病気に対する肉体の反抗である。だからとて、熱を肉体のすぐれた状態としてほめあげるわけにはいかないが、その反抗はなされねばならない。必要なことは病気の原因を除去することであって、熱を悪とみなすことではない。しかしそれについてはまた別の機会に論じることにして、ここでは知識の問題についての一般的な考究をすすめることにする。

このように、大学および大学に限らず近代社会全体における知識の設定のされ方に対して、全共闘運動は根源的な疑問符をつきつけたのだが、そしてそれはその限りではまったく正しく、かつまた、ことはやっと入口にさしかかったばかりであって、政治的に弾圧され、現象的にふるわなくなったからとて、問題が終ったわけではないのだが、やはり、全共闘運動全体の平均的水準をとってみれば、この問題については、疑問符をつきつけた、という以上には出なかった。もちろん、これは大変な作業なのだから、それだけでも大したことだったのだが。

つまり、一方では学問的探究それ自体を拒否するようでありながら、しかも、学問的探究の成果を無視しては生きられない。資本制社会においては真実の学問はありえない、と言いつつ、ブルジョワ的な学問の成果は批判的に摂取する、と言う。むろんこれは言い方としては正しい。しかし、それをどのように実践するか、ということになると、絶望的な矛盾を背負いこむことになる。摂取しうるほどに、さらには批判し、ついに否定的に克服しうるほどに、既成の学問を知ろうと思えば、厳しい職業的知識の訓練を長期間にわたって経なければならない。それをぬきにして既成の学問をたたきふせることができると思うなど、甘すぎる。けれどもまた、こういう徒弟的訓練を持続することは、行為としては、既成の学問を肯定することになる。必要なことは、その徒弟的訓練の持続に耐えながら、しかもそれを究極的に克服する姿勢を保つことである。しかし、そのような芸当が可能なのだろうか。この場合、自分は腹の中では、徒弟的訓練として達しうる「専門的」学問にとじこもっていればいい、と思っているわけではありません、「究極的」にはそれでは駄目なのだと思っています、というだけでは何もしないのと同じことである。何らかの仕方でそれを実際に転倒してみせるのでなければならない。それが大変なのだ。

いわゆる反動的な仕方で学問をやっている者は斥ける、というだけのことなら、事は簡単である。もちろん実際上は、それは一つの権力闘争をひきおこすから、それだけでも大変なことだし、社会的な変革全体の上に立たなければ十分には遂行できないのであるけれども、理論上は、これですむなら話は簡単である。進歩的な姿勢で学問をなす人間が、大学に、また社会全体に徐々に増えていけばいいということになる。しかし本当はそういうものではないので、学者が——投票や世論調査や署名運動などのごく限られた政治的意見の表明に関しては、政治的に進歩的もしくは反動的である、ということと、その扱う学問との間の関係がこれではっきりしない。そして、現在の学者の世界の支配的なイデオロギーにおいては、相変らず、学問そのものは、何らイデオロギーに関係のない普遍的な真理だ、ということになっている。狭い意味での政治的見解において反動的な学者であろうと、進歩的な学者であろうと、その見出す学問的真理は同じ真理であるはずだ、というのである。そしてまたそうには違いない。ある物理学の法則はどんなに悪い奴が発見しても、普遍的な真理には違いないし、一つの歴史的な事実は、誰が確認しようと同じ事実には違いないはずなのである。そしてこの場合、学者が力を持っているのは、彼がポーズとして示す政治的な進歩性などにおいてではないので、彼が追求する学問研究の領域においてなのである。

ここではっきりさせておかねばならないのは、一つの部分的に限定された真理がそれ自体としてイデオロギー的だ、というのではなく、それを知るという行為を肯定することがイデオロギー的なのだということである。あることを知ろう、という目的が設定されれば、そこから先は、より正確に知る、ということだけが重要になる。知ることが必要とされる限りは、その知識が正確である方がいいにきまっている。問題は、この知識の正確な内容にあるのではなく、その知識を知ることが必要とされ、意味づけられる環境にある。そして多くの学者は、自分が、もしくは自分達が、あることを知ろうという目的を自分一人で勝手に決断して選びとった上で科学的探究をなしている、とは思っていない。学問的対象はおのずと向う側に存在しているだけであって、自分としてはそちら側に向って邁進するのみだ、と思っているのである。

　この「おのずと」学的対象が向う側に存在しているという感覚は、感覚としてはそうには違いないので、従って、こういう学者達に向って文句を言って、あなた方はまず自分で主観的かつイデオロギー的に自分の研究目的を設定し、その枠の中のみで客観的な真理を探究しているのですよ、だから、その研究目的の設定の仕方からしても自分で改めなければならない、などと説教してみても、あまり説得力はない。そう言われてこの学者が自ら反省してみても、もしも学問研究がすぐれて行なわれるとするならば、それは自分が恣意的に課題を選びとったのでは駄目なので、学問対象によっておのずと与えられる必然的な課題でなければならない、とやはり思うだろうし、実際、感覚的に言えば、自分で勝手に主観的に研究課題を設定した、などと言える場合はほとんどないのである。問題はこの感覚がよって来たる所以であって、そこをつきとめない限りは、学者達はこの感覚を疑ってみることもしない。

　この場合、えてして間違い易いのは、研究目的の設定はイデオロギー的に規定されている、という場合の「イデオロギー的」ということが、個人的に主観的な恣意性という意味に受けとられることである。その場合には、学者はあくまでも、この研究課題は自分が一人でえて勝手に設定したものではない、と言いはるだろう。個人的に主観的な恣意性と普遍的に客観的な真理との二つの範疇だけしか考えられず、その一方でなければ他方にきまっている、と思うのは幼稚である。学者が、学問的対象はおのずと向う側に存在している、と感覚的に思いこむのは、それは彼が自分一人で勝手に設定したものではない、という限りにおいて正しいのだ。しかし自分一人が勝手にきめたことではない、ということは、直ちに普遍的な真理であることを意味しない。ことは社会的に共同して設定されているのであり、しかも、彼がつきあっている狭い範囲の学者仲間などという「社会」ではなく、より広い歴史的社会的な流れによって設定されているのである。右のように幼稚な思考しかできないと、この歴史的社会的広がりは、一人の個人の恣意性をはるかに超え出たものであるだけに、それを普遍的に客観的な真理と同一視してしまうのである。

だから、学問の主題設定は――もう少し言えば、知るという行為の目的が設定される仕方は、そしてそれに伴って、知るための方法は（何故ならば方法は対象によって規定されるから）、歴史的社会的に規定されている。それは個人的な恣意性ではなくとも、社会的恣意性なのである。そして、それは往々にして、国際的な規模で数世紀にわたって支配するから、歴史的な広がりを見ぬけない者にとっては、それは超歴史的な普遍の真理だと思えてしまうのである。このことの認識は重大である。だからこそ、普遍的真理であるはずの科学的学問的知識が全体として社会体制にうまくはめこまれ、支配階級の権力の維持に奉仕するようにおかれてしまうのである。

だからまた、既成左翼の文化人がよく言うように、科学や技術は中立的な価値なのであって、問題はそれを善用するか悪用するかだ、という風に考えるとすれば、事柄をあまりに皮相的にしかとらえていないことになる。同じ科学、技術であっても、それを資本家が用いるから悪い結果をもたらすのい。

であって、人民大衆のために用いれば良い財産となる、などというのではお伽話的な安易さにすぎない。

一つの例をあげよう。サルトルが一九六六年に来日した時に、知識人に関してなした一連の講演がある（『知識人の擁護』人文書院）。ここでサルトルは実にサルトルらしく器用に知識人を「擁護」する。むろん、知識人の問題としては、前項であげた吉本隆明や谷川雁の知識人論ととりくんだ方がよほど実り豊かな結果がもたらされるだろうけれども、しかしまた、いろいろとありうる発想の型を整理して批判しておく作業も必要である。彼は、「実践的知識の技術者」と「知識人」なるものを区別しつつ重ねあわせる。つまり、「実践的知識の技術者」とは学者、技術者、医者、教師などの知的職業の従事者をさす。――この点で彼はすでに何ほどかあいまいである。労働を知的労働と肉体労働に分けて考えるとすれば、そしてその分け方は、現代社会における人間の労働が相変らず、ますます、分業をもととして成り立っている限り、事実に対応した分け方であるけれども、もしもこのように分けて考えるとすれば、すべての知的労働に従事する者は知識人とみなすべきだ、ということになる。サルトルのように学者、技術者、医師、教師だけを特別にぬき出す理由はないので、広汎な事務系の労働者はみな「知識人」の方側に入れて考えざるをえない。もちろんこの場合、個々の人を比べてみて、その人の知的志向がどちらがすぐれているか、という問題ではない。肉体労働に従事している者の方が知的によほどすぐれている場合はしばしば見受けることである。

このような分類が意味をなすのは、それを食いぶちを得る手段としているかどうか、という点に着目した時である。そしてまた、その点を中心に考えるならば、たとえば同じ医者でも、大病院の傭われ医者と大小の医院の経営者とでは、その経済的立場は明瞭に逆である。労働組合が団交をやる場合、一方は組合の側に座り、他方は経営者の側に座る。「学者」の場合も同様である。今日、学問的作業を食いぶちを得る手段としている人間のほとんどは、その研究結果を個別に売って食っているのではない。その研究結果は研究がなされる以前からすでに潜在的に、研究結果が出た後では明らかに、経営者の私的所有にくみこまれている。このことはアメリカの大学において最も顕著であるが、日本の研究機関でも本質的には同じになってきている。研究資料、記録の類は、その研究者の私的所有物とはならず、研究機関の経営者の私的所有物となる。研究者は、研究結果を知識を売買する市場に売り出して食っているのではなく、研究をする労働力を売って食っているのである。その点で、資本制社会における労働者一般の状況と変らない、ということが認識されねばならない。(他方、相当数の「学者」は管理、経営の代行者として、やとわれマダム的に資本家の側につく。)

現代における研究結果の所有され方のこの変化は、すでに他の分野においてはよほど以前から、より徹底的に進められてきた資本制的な私的所有の進展のあとを追いかけているにすぎない。つまり、知識もまた、個人的な私的所有から、社会的な私的所有へと移行しつつあるのである。一方ではそれは結構なことである。そうなることによって、知識は少数の有閑階級の人間が自分の私宅に閉じこめて、恣意的に利用する、といった状態から、「公共的」に利用しうる場に解放されたからである。けれどもこの解放は中途半端であるが故に、他方ではますます、知識の私的独占を強める結果になった。

研究機関が資本によって私的に所有されているからである。それはもちろん、個別の資本による場合もあるし、国家的に管理される場合もある。だから個別の私企業体によって直接管理されていないから、私的に所有されてはいない、などと言うわけにはいかない。

少くとも、古典的に常識的な「知識人」という概念——西欧の場合ならば、大学出かどうかということがはっきり階級の区別を意味した時代の「知識人」という概念を、基礎的な概念として用いることは、すでに、事柄を理解するのにふさわしくなくなってきている。もっともこの点では、西欧の方が日本よりもまだ相変らずずっと古典的であるけれども、古典的には知識人とは、食うために働く必要がなく、もしくはあまり働く必要がなく、その結果生じる暇を知識の取得、開発に費す者であった。今でももちろんそれに近い状態はある。大学を出るのは、一般的には、親が比較的裕福でないと難しい。この場合、「裕福」とは、子供が中学もしくは高校を出てすぐに働かないと家計がなりたたない、ということはない、という程度の意味である。その点では従って、大学程度の知識はまだまだ比較的余裕のある階層に限られているけれども、能力の開発という形で教育がなされる近代社会の知識の状況においては、このようにして取得された「能力」は競争の場において食いぶちを得るために用いられていく。知識は有閑階級の所産ではなく、知的労働力を売る者達によって開発される。それは、従って、売れるものでなければならない、というところから、すでに質が規定されている。現代社会における「知識人」の問題を論じるには、この知識の設定のされ方からまず問題にしていかねばならない。

だから、話をもとにもどして、サルトルが現実の状況に見合う概念として「実践的知識の技術者」という概念をもちだし、それと「知識人」という概念とを区別しようとしたのは、ある意味では当然である。「知識人」という古典的な概念はすでに実情からずれてきているから、実際に社会的に存在している知的労働者をとらえる概念を別につくらねばならなくなり、他方、「知識人」という概念はそれなりに保存しようとしたからである。もっとも、今述べたように、彼の「実践的知識の技術者」という概念はまだ漠然と思いつき的であるけれども。そして、本当はこのように二つの概念を区別するのではなく、「知識人」という概念をはっきりと「知的労働者」というより基礎的な概念によっておきかえることが必要なのである。知識人の問題は、あくまでも、実際に現代社会において知的営為をいとなんでいる者の実態から問題にされねばならないのであって、サルトルのように、実際に生活している知識人は知識の「技術者」にしかすぎないとみなし、それとは別に「本当の知識人」なるものを設定しようとするのは、正しくない。我々はむしろ、実際に知識人の知識が設定されている状況に目を向けることによって、知的労働者が一方では分業によって肉体労働者と区別せしめられている資本制社会の状況を自覚し、他方では、知的労働者はその経済的基盤においては、労働力を売ることによってのみ食えている、という意味で、はっきりと階級的に規定されているのだ、ということが自覚されねばならない。知的労働者は自由人ではない。

サルトルがこのように「実践的知識の技術者」と「知識人」を区別することによって、どういう結果になってしまったか。前者は存在している事実に対応しようとする概念であるので、それに反比例してますます後者はいやでも理想的な概念になってしまう。「本当の知識人」というのは、いわば倫理的な努力目標になってしまうのだ。「知識人」とは、支配階級に対して「普遍性の名によって抗議し、異議申し立てをする」という風に定義される。「普遍性の名によって」という点についてはすぐ後でもどってくるとして、「支配階級に対して抗議し、異議申し立てをする」のが本当の「知識人」だ、というのでは、サルトル氏が理想的人間像として考えているものに「知識人」という名を冠したにすぎず、実際に知識人の問題として中心的な事柄である現代における知識の設定のされ方の問題は、周辺に押しやられてしまう。けれども、支配階級に対して抗議し、異議を申し立て、闘争をきずきあげていくのは、支配されている人民全体が、そして、人民個々人が、引き受けるべき作業であって、それをなす者が特に「知識人」であるわけではない。知識人は、反政府の抗議文に署名すれば「本当の知識人」になるのではなく、自分が日常的にいとなんでいる知的作業が規定されている問題状況にとりくんで、知識を真に解放することが求められているのである。

サルトルは一方で「知識人」を現実の社会的存在である「実践的知識の技術者」と重ねあわせて考えつつ、他方で、それを理想的なあるべき存在と考えるところから、知識人のかかえている現実の問題を知識「人」が人間として努力すべきことの理想像へとすりかえてしまう。その結果、実際に「実践的知識の技術者」が毎日、世界的な広がりにおいて、大量に処理している知識の内容と社会的な枠づけこそが、知識人の存在の基礎に関わってくるはずのことなのに、そのことについては本気になって論じることをしなくなる。確かに彼も、「実践的知識の技術者」の知識についても問題にしている。

けれどもそれは結局「普遍性」という理念の中へとまるめこまれる。つまり、実践的知識なるものは普遍的であって人類全体に奉仕すべく定められているのに、実際には支配階級の目的のために奉仕させられている、というところにサルトルは知識人の「矛盾」を見ている。しかしこの見矛盾に見えることが問題なのではなく、そもそも「普遍性」という概念で現代社会における知識の状況を処理できるかどうかが問題なのだ。

そしてまたサルトルは、知識人は階級的には支配階級によって募集され、つくり出され、育成されたものであるから、「人間としては」個別主義的イデオロギーを持って生きているのだが、「実践的知識の探究者としては」普遍性の方法によっている、というところにも知識人の存在の矛盾する性格を見ている。つまり、社会的、人間的には体制のイデオロギーを、「個別主義的イデオロギー」を、持たされてしまっているのだが、その生み出す「実践的知識」の方は普遍的なものだ、というのである。こういう「矛盾」の上に生きているのだから、真の「知識人」は支配階級に対して普遍性の名によって抗議し、異議を申し立てざるをえない。その異議申し立てによって彼は労働者、大衆と連帯する、という。

しかしこれでは「普遍性」という概念が二重に分裂する。「人間としては」という水準での普遍性と、「実践的知識」の水準での普遍性とである。けれどもこの区別はまやかしである。もしも知識人がいとなんでいる「実践的知識」が真に人民大衆のために解放された「普遍的」知識であるならば、彼は、それをいとなむことによってこそまさに人間的に普遍的であるはずである。あっちの普遍性とこっちの普遍性がつながらない、などという奇妙なことがあるはずがない。しかし実際には知的労働者のいとなむ知識の探究が決して普遍的ではないからこそ、支配階級の目的に奉仕するものとなる。それは決して、彼が、「実践的知識」においては普遍的でありながら、「人間として」は（どうもサルトル氏のこの前後関係ではそれは政治的社会的な意見表明ということであるらしい）普遍的でないから、その結果矛盾が生じる、などというのではない。まさに彼の実践的知識そのものがすでに「普遍的」ではなく、支配階級に奉仕するものとなっているのである。サルトルも自分の発想のこのあたりの不十分さには気がついているようなので、だから、「実践的知識」を一方では普遍的価値として承認しつつ、他方ではそれは普遍的価値ではない、と言って無理に使い分ける。「知識人は、自分の生活領域では普遍性など存在しない、それは間断なくつくっていくべきものなのだ、ということを自覚している普遍性の技術者でなければならない。」こうして、「普遍性」は「人間として」の領域、「生活領域」における理想的な努力目標、いつまでも未来にある「課題」にされてしまう。このように「普遍性」が努力目標にされるとき、「実践的知識」、つまり知識に関する現実の状況の場での知識が実際にどこまで普遍的なものであるか、ということについての執拗な検討は置き去りにされてしまう。それは「実践的知識」という限られた局面では普遍的なのですが、「人間として」の水準の「普遍性」は別のものです、と局面を区別することで話が終ってしまう。しかし、限られた局面での普遍性は普遍性ではありえないので、閉鎖された知的空間において「普遍的」真理の名のもとに一方的な知識が探究されることは、決して、それなりの真理が究められる、ということではなく、人類に対してゆがめられた真理が提供される、ということなのだ。だから、それはそれなりに結構なのですが、より大きい「普遍性」が「人間として」求められねばなりません、というのではないのであって、こういうような部分におけるゆがみを放置したところで全体的な正しさを語っても仕方がないのである。

だから我々としてはもう少し、各種の学問、特に近代科学のもたらす「真理」がどのような限界つきの「真理」であるのかを問題にしてみなければならない。ここで「限界がある」というのは、もちろん、知識の量に限りがある、ということではなく、その知識がそもそものはじめから馬車馬的に一つの方向しか見えないようにされている質的な限界をもった知識なのだ、という意味である。

Ⅱ

ここでいささか遠まわりをして、古代における「知識」信仰に対するキリスト教徒の批判にふれてみよう。

知識は魔力的なものからの解放をもたらす。古代人の生活を様々な形で支配した魔力的なものは、要するに、事実のからくりを知らない、もしくは理解しえない故に生ずる妄想であり、その妄想が集団的な伝統と化した時に魔術的世界観になるのである。そして、古代人は魔術的な世界観から完全に解放されたわけではなかったにせよ、古代文明が輝やかしく開花した時期においては、相当程度魔術的世界観から解放されていた。というよりも、その解放の結果、古代の輝やかしい知的文明が開花した、と言ってよい。そのためには、知識の飛躍的な拡大が貢献したのである。我々現代人は、ある意味では、知識をもつことにすっかり慣れて、当り前になってしまっている。ほとんど空気を吸うのと同じくらいに無意識に数多くの知識を所有している。すでに近代的な知識の探究がはじめられてから数世紀もたっているのだから、当り前なことかもしれないが。それだけに、知識の持つ大きな力について、別に驚きもしなくなっている。しかし古代人の場合は、知識が魔術的世界からの解放をもたらす大きな力には、ずい分と感動するものがあったはずだ。彼らは知識が力であることをよく知っていた。それだけに、「知識（グノーシス）」に対する崇拝も強かった。個々の事柄に対する知識だけでなく、「知識」そのものが宗教的な崇拝の対象になる。力は崇拝をよびおこすのである。しかしこうなると奇妙なものであって、いくら知識が進歩したとはいえ、極めて大きな限界の中での進歩にしかすぎなかったから、古代人の知識はまだまだ半分は神話的な「知識」にしかすぎない。それが大きな力として宗教的に崇拝されるから、本来、魔術的な力からの解放をもたらすはずの「知識」そのものが、自から魔術的な宗教的力となってあらわれることになる。「知識」の崇拝が古代末期において一つの大きな宗教的流れをなした理由である。

こうなると、こういう「知識」主義者に対する批判、反対も生まれてくる。キリスト教の枠内でも、神話的な救済の教義を解放をもたらす「知識」として、「知識」崇拝的に信奉しようとする流れはあったし、それを批判して、「正統的」なキリスト教をうちたてようとする流れもあった。後者に属するのがパウロであって、彼の「知識」批判はそういう意味で理解する必要がある。古代末期の有数の知識人としてパウロは、知識というものの力をよく知っているし、それを尊重することも知っている。しかし彼は「知識」に対してやはり何か空虚な、疑わしいものを見出さざるをえなかった。それで、「知識は人をふくらませ、愛は人を建てる。何ごとかを知りえたと思う者は、まだ本当には知っていないのである。神を愛する者こそが、神によって知られている」(第Iコリント八・一―三) などという主張をなすのである。

つまり、知識はいかに正しくとも、いやむしろ正しいが故に、それを手にした人間はちょうど風船に空気を入れてふくらませるようにふくれあがるのだが、結局は人間を「建てる」ことはしない、というのである。古代的な「知識」と格闘せざるをえなかったパウロであるが故に、ある意味では、言い得て妙である。これを、説教好きの日本聖書協会の翻訳者達は、「知識は人を誇らせ、愛は人の徳を高める」などと、およそ勝手な翻訳、というよりもほとんど誤訳してしまっているけれども、それではパウロが古代的な「知識」と格闘せざるをえなかった状況は伝わってこないので、知識探究の厳しさを避けて、甘ったるい「愛」のセンチメンタリズムをすすめる道「徳」の説教になってしまう。パウロ自身、古代社会にあっては、有数の知識の探究者であったのであり、その彼にして、「知識」は人間を空虚に「ふくらます」だけであって、全体的に人間を「建てる」ものではない、と言わざるをえなかった。こう言う時、パウロは、知識というものがいかに正確に事柄を表現しているようでも、なおかつ全人間的な見地からは空虚なものに思えて仕方がなかったのであろう。

もちろんパウロはここで、個別の事柄においての具体的な正確な知識と、「知識」の宗教的崇拝者が語る神話的な救済の知識とをまぜこぜにして論じている。もっとも、パウロが生きていた当時にあっては、両者の「知識」の境目は判然とせずにつながっていた。そしてこのことは、一方ではいかにも古代的な幼稚さであるのだが、他方では、部分的に正確な真理というものの本性を象徴的に示していて面白い。部分的に正確な知識は、人間の部分的な解放をもたらす。そして部分的な解放は、まさに部分的でしかないから、全体的な解放ではない。それを、部分的な解放をもって人間の解放と思いこませる時に、「知識は魔力となる。古代において、魔術的世界からの解放をもたらした知識が、結局、神話的な「知識」崇拝へとつながっていったのと、近代的な知識が魔力的な力となることとの間は、実は五十歩百歩なのだ。

グノーシス主義者の場合、神話的「知識」を人間救済の基本と考え、その「知識」を持つことによって、自らが完全な者となった、と思うところに特色がある。「知識」を持つことによって、この世の矛盾した下等な存在を脱け出し、超越的な場所に到達したのだ、と考える。こういう発想は、それが神話的な「知識」であるだけに、いかにも古代の幼稚な発想だと思われるかもしれないけれども、知識の完全さをあてにする、という点では、知識というものが古今東西を問わずはらんでいる問題性を示している。知識というものは真理に関わるだけに、人は何ほどか真理にふれると、それがもう絶対的な真理であるかの如くに思いなしつつ、そこに閉鎖的な体系をつくりあげてしまう。真理の一部しか知らない、ということは、真理を知らない、ということなのに、人々はその一部を固定してどっかりと座りこむ。その意味では、真理は一つ、という主張は間違っている。知らないよりも知っている方がよほど悪い、ということはよくあるのである。生半可な英語の知識しか持ちあわせない人間は、往々にして英語を全然知らない者よりも、外国についてゆがんだ像を、しかも知っていると思いこんでいるから、ぬき難く頑固にいだきつづける。いや、英語が非常によくできても、英語を通じて知る「世界」が世界だと思いこんでいる限りは、アングロ・アメリカンの世界像の枠を出られないから、ゆがんだ世界像を固定するだけである。年寄が若者よりも多くの場合頑固なのは、単に脳細胞の働きが衰えたからではなく、むしろ、年寄の方が若者よりも知識の分量が圧倒的に多いだけに、自分は動かし難い真理にふれているのだ、と思いこみ、かえって硬直してしまうのである。こういう風な知識というものの魔力的性格を古代のグノーシス主義がよく表現している、と言えないだろうか。

だからパウロが、彼の多くの知識にもかかわらず、知識に対して根源的な懐疑を示し、「知識は人をふくらます」と言って退け、その代りに、「愛が人を建てる」と主張したのは、ある種の感覚的な正しさを示している。そして、近代の歴史において、近代的な知識の発達に対して懐疑が強くなる時期には、宗教復興が生じ、パウロ主義が好まれる、という理由もそこにある。今世紀前半に流行した「弁証法神学」は、その意味でもまさに、パウロ主義の二十世紀的亜流なのだ。

もちろん、ここでパウロの正しさとして私が指摘したことは、彼は感覚的に鋭く問題の所在を感じとっている、ということを言いたかっただけで、実際のところ、パウロのように、「知識は人をふくらます」と言って、まとめてけとばしてしまい、あとはすっかり神様におまかせして、信仰のみにひたっていればいい、というのでは、知識の問題はけりがつかない。それは古代末期の人間の問題提起としては大いに意味があったが、そういうことですむほどに近代的知識は生易しい相手ではない。それは近代人の生活のごく細かいすみずみにまで入りこんで力をふるっているので、それをただ単に、知識はだめです、などと言って、実際には既存の知識をまるごと肯定しつつ、たてまえにおいてのみそれよりも「高い次元」のことに本質的な人間性を認めようとしたり、というのでは、近代的知識はますます化物のように自分勝手に肥大するのみである。我々はそれと正面からとりくんで否定的に克服するのでなければならぬ。マルクスが近代的経済学に対してなしたのと本質的に同じ作業がすべての知識領域に関してなされねばならぬ。もちろん自然科学に対しても。さもなければ、ロマンチックな反知主義に陥るか、単純な知識崇拝につっぱしるか、どちらかである。

近代的知識は、敷かれたレールの上をつっ走る。合理性の追求とはそういうものだ。自分にわかる要因だけを方程式にかけて、論理的な整合性をつくり出す。合理性とは、自分にわからない要素、もしくは自分には必要がない要素は全部捨象して、操作可能な僅かの要因に一切を切りととのえる作業にほかならない。そして、一つの合理化は、それが前提となって次の合理化を生み出し、次々と雪だるま的にふくらんで行く。近代的知識の追求というものは、こういう合理性の追求として、敷かれたレールの上をつっ走る。

その理由はおそらくこういうことであろう。どのような知識も、それが学問的に高度になればなるほど、特定の平面に事柄を単純化して整理する。心理学ならいわゆる心理的な平面に複雑な人間の事象を投影して整理する。立体的な凹凸はないかの如くに無視されて、特定の平面にうつる像だけを人間の心理的事象と称して問題にするのである。いわゆる心理現象とみなされる事柄のみに人間の行動を切りととのえて、そして、その範囲内でのみ事柄を「論理的」、法則的に説明しようとする。そして、長年の間に学者の間で一種の約束が成立し、それが心理学的真理とみなされ、その約束を前提として、さらにその上に次の心理学的論理が展開される。しかし一切のブルジョワ心理学者が間違っているのは、人間の心理は決していわゆる心理的要因のみによって決定されるわけでも、説明されるわけでもない、という当然の事実を見落している点にある。物理学の場合なら、複雑な自然現象を質量とエネルギーという平面だけに還元して論ずる。それは、質量とエネルギーに関する限り「正しい」認識をもたらすが、自然は物理的質量とエネルギーだけで存在しているわけではないから、その「正しい」知識が肥大すればしただけ、自然をゆがめてしまう。およそ「合理的」な整合性というものは、こういう平面への還元によってしか得られないものである。ところが合理的な思考、合理的精神というものは、一つの認識から同じ論理の作用によって次の認識へとおのずと進んでいく欲求をもつ。そこで、ひと度特定の平面へと事象が投影されてしまうと、その平面の中だけの論理で話が次から次へと展開していき、立体的な凹凸はますます切り捨てられていく。このように、客観的、学問的知識、科学、技術とは、普遍的真理であるのではなく、平面的真理なのである。それは真理であるには違いなく、その平面で事を切る限りはいつの世にも通用する真理である。しかしながら、その平面内での論理展開が自己運動として進む時に、それはうさんくさい力となるのである。しかもそれを進めるか止めるかというのはもはや個々人の主体的決断によってなしうるような容易なことではない。近代的知識の展開は社会的要請という力を背景にして自己展開していく大きな力なのである。

そういう知識の自己運動を積極的に支持すべき時代もあった。近代社会の形成期はそうである。しかし現代は逆にそれを制御すべき時代である。知識の自己運動を何とかして制御することによってしか、現代社会における人間の回復はありえない。社会革命もこういう視野を含んだ上で追求されねばならないのである。さもないと、革命を口にしながら近代化路線をつっ走ったスターリニズムの轍を踏むことになる。――だが我々はまた、こういう知識の世界の外には生きていない。そしてまたそういう知識の輝やかしい成果によっていろいろと恩恵を受けてもいるのである。それは片寄った恩恵であり、恩恵であると同時に桎梏なのでもあるが。だからそういう知識の世界の外に身を置いて生きられると考えるのは個人的な眠りにほかならないし、夢想に身をゆだねる反知主義にしかならない。知識というものの魔性の中に身を生かしめつつ、何とかしてその知識を制御する力を獲得していく必要がある。それが新しい知性の創造ということであろう。科学者ならば場合によっては研究をやめることが求められる。ただそれは、知性の外に出ることとしてではなく、知識の自己運動を制御するためである。あることを「知る」のは正しくない、と実証することが今や科学の責任なのだ。

今我々はもはやこれ以上知識を必要とするのではなく、すでに得られた知識を批判することが必要である。それが新しい知性の創造へとつらなるであろう。

この文章の骨子となるものは一九六九年九月の『指』に発表したのだが、その後約一年間いろいろな人から投稿によって反論がよせられた。それらの反論には、ありうる発想の典型的な型がいくつか示されていると思うので、ここで多少論じておきたい。

一つは自然科学者から寄せられたいくつかの反論である。それは基本的には、科学もしくは研究そのものはよいものであるけれども、それが技術的に開発される時には悪にもなりうる、という発想である。これは、百人中九十九人までの自然科学者の発想であろう。そして、実に虫のいい発想である。俺達はよい研究をしているのだが、それをほかの奴らが悪用するからいけないのだ、と言っているにすぎないのだから。こういう虫の良さに居直っている限り、問題の所在はわからない。そして、右に展開した拙論は、そのように科学と技術、研究と開発とを区別して考える古典的な発想を批判した内容のものであるのだから、それに対する反論として、何も根拠をあげずに相変らず、科学はよいけれども技術化は悪を伴う、とのみ主張しても、反論にはならない。そのような科学と技術の区別を前提としていたのではもはや問題はかたづかない、ということを私は主張したのである。実際、研究と開発とは、概念の上では区別できても、現実には両者は切り離し難く相伴って動いているので、いわば一枚の紙の両面みたいなものなのだ。

物理と数学の間の領域を研究している一人の友人が、拙論に対して面白い感想をよせてくれた。「研究」という作業は、「あとでふりかえってみて、オレはなんであんなことを思いついたんだろう、という感じがする」ものであり、それに対して、「開発」の方は、「そうやってつかまえた何物かに、台座をつけたり、リボンをかけたりして、ショウ・ウィンドウに並べる」仕事だ、というのである。つまり、前者は、人間のおのずと出てくる欲求なのであって、彼の言い方を借りれば、「きわめて人間的な、精神の生理に支配されるもの」である、ということになる。彼はこれを自然科学上の研究活動についてのみ言っているのだが、もちろんこのような、ほとんど生理的欲求としての知的意欲は、ほかの領域にも常に見られることであって、私のように歴史の研究をしていても、同じような感覚を持つことはよくあるものである。彼はこの感覚を、それは人間的な生理なのだから、「人間を肯定する限りにおいて、その人間なるものと不可分の存在として無条件に肯定したい」と主張し、それに対して、「開発」の方は制御しなければならない、と言う。

このように紹介すれば、相変らず、古典的な「研究」と「開発」の区別によりかかっているだけだ、ということは明らかにおわかりいただけると思うのだが、同時にまた、この古典的な区別がぬき難く科学者の感覚に根をおろしている、ということもおわかりいただけると思う。自然科学者ほど、自分の生理的な感覚と思えるものを疑わない連中はいないのだから。これは傑作な事実である。自然科学者は外界の事柄については最も強く理論的でありながら、こと人間に関する限り、およそ単純に感覚派なのだ。もちろんこの友人は、ことがわかっているから、このように「研究」と「開発」を区別して、一方をまるごと肯定して、他方を制御すべきものとみなしても、それでことがおさまるとは思っていない。このように区別してみても、「開発を伴わない研究はない」ということにすぐ自分で気がつくのである。研究だけをまるごと肯定して、開発の方だけ制御する、などということは不可能だ、ということは、まともな自然科学者ならば誰でも知っていることである。開発を制御しようとすれば、当然、それに関係する研究も制御しなければならない。それでこの友人は、次のような結論に達する。「開発は制御できるものだし、制御しなければならない。研究は制御できないし、制御すべきものでもない。ただし、研究は開発と不可分であって、開発が制御される限りにおいて制御される。」

この文章が自己矛盾であることは注意して読めばすぐにわかるはずであって、彼自身、「本当のことを言うとこれでは仕様がないのです」とすぐあとにつけ足してしまう。こういう形で研究と開発を区別して一方をまるごと肯定しつつ他方を制御しようとしたとて、所詮、開発の制御はできっこない、ということを彼自身よく知っているのである。ここまで話がわかっていても、結局自然科学者達は、あとは思考停止して、研究に邁進するのは俺達の生理的欲求だ、とそこに身をゆだねてしまう。そして、自然科学者にとっては、他から見れば極度に難しいように見える研究に没頭している方が、自分の研究が人間社会全体の中でどういう位置にあるかを考えるよりも、よほど楽なのである。研究においては、敷かれたレールを先に走ることですむ。そもそもどちらに走るべきかを考えるよりも、余計なことを考えずにひたすら走る方が精神的には楽なのだ。そして、人間は楽な方をとる。それは確かに、人間的に生理的である。しかし、その調子で有能な自然科学者諸氏にますますつっ走られたら、たまったものではない。

むろん、同じような「研究」への生理的没頭は、自然科学者に限らず、他の分野の人々も大差なくしていることである。ただ、自然科学者の方が直接に自然をいじくるだけに危険なのだ。諸君が自然を知りつくす以前に人類は死滅するだろう。そしてその時に、有能な自然科学者は天国だか地獄だかの表彰台で、その発明発見の功績を数えあげられて、一人、「オレはなんであんなことを思いついたんだろう」と、研究者的自己満足にふけるのだろうか。

右の友人が、研究への欲望は「人間的な精神の生理に支配されるもの」である、と感じている「感覚」は、決して、人間が腹が減ったら食欲を持つ、という生理的感覚と同じなのではない。むしろ、煙草が切れたらまた吸いたくなる「生理」に近い。それは、長年の、彼一人の生活史だけでなく、数世代、数十世代にわたる人類の知的環境によってつくられてきた感覚であって、決して、人間本来の生理ではないのである。こういう感覚こそがまさに歴史的社会的産物なのであり、こういう感覚を人間本来のものとして肯定する行為こそがイデオロギーなのである。

だから、自然科学者諸氏に対して、しかしまた彼らに対してだけでなく、すべての知的営為にたずさわる者に対して、もう、これ以上、今までのような仕方で、「知る」ことは人類は欲していないのだから、そうではなく、すでに知ったことを批判する知識をこそ求めろ、と言わざるをえない。

この点について一つだけつけ足しておくと、一九七〇年のはじめ頃、毎日新聞が湯川秀樹ほか二人の学者の鼎談を連載していたのだが、全体としては、「今時の若い者は」流の老人のくりごとばかりではほとんど読む価値はなかったけれども、その中でほんの短く、湯川秀樹が、今までは学問そのものを善として前提し、いかにして学問を発展させるか、ということばかりが考えられていたが、今や、学問自体が善であるという前提をも疑ってみなければいけないのではないか、と発言していたのはさすがである。第一線の自然科学者ならば、こういう問題には気がついているのだ。問題は、このせりふが、すでに研究しなくなった老人の自然科学者の口からではなく、これから研究する若者の口から言われるのでなければならないのだし、また、このように、問題を感じる、ということの表白に終るのではなく、実際に研究の場を転倒させる行為につらならなくてはならない。

もう一つの反論の型は、文人的な心性を持った人々からであって、私が知識論を展開したことに対して、それも、展開したなどと言えない程度にごく僅かに問題提起をしたことに対して、そもそもアレルギーをおこしてしまう型のものであった。これは、知的な作業に毎日かかずらわっておりながら、それに対して自己嫌悪をやたらと強く持ってしまう現代の知識人の一つの型であるので、一応紹介しておく意味はあるだろうと思う。

つまり、一種の知性アレルギーをいだいている人の場合、知識について論じることをそもそも退けてしまうのである。その退け方たるや、知性を人間の中心にすえてはいかん、といった調子のものである。人間の本質的に創造的な活動は知性によってなされるのではないのであって、感性によってなされる、というような「反論」が、右の拙論のような趣旨の文章に対してもどってくる時、それは、反論としては全然意味をなさないので、つまり、扱われている問題に対して全然ふれようともしていないので、啞然とせざるをえないのだけれども、しかし、人が知識について何か論じただけでもうアレルギーを起こしてしまう患者が多い、ということは、必ずしもその患者の個人的責任ではなく、現代の知的状況がいかに頹廃したものであるか、という証拠なのである。水道の水がくさいところでしか生活したことのない人は、水を飲むことそのものにアレルギーを起こすだろう。

だから、私としては、自分が論じようとしたことに全然ふれていないこの種の「反論」が多くもどってくるのは、意外ではあったが、一つの注意しておくべき現象に思えた。だからと言って、こういう知性アレルギーの発想が正しいわけではないので、大ざっぱに言ってこの種の発想には三つの問題点がある。

第一に、ここで論ぜらるべきは、現代社会において発達した知識は社会的状況全体の中で設定されているのだが、その社会的状況が全体として問題にされなければならないのに、それも、たとえば、学問がひもつきでなされる（文部省に管理されるとか、企業から金が出るとか）というだけのことではなく、学問自体の質的内容とその社会的設定が全体としてすでに問題にされなければならないのだが、そういう問題に対して、この種の発想の人達は、個人としての実存において知的側面を重んずるか、それとも、知性をけとばして「情熱」に頼るか、といった事柄にことを解消してしまう、ということである。これは問題のすりかえにしかすぎない。

第二に、この種の知性アレルギーの人の方が実際には頭でっかちの知性主義者なのだ。そう言って悪ければ、頭でっかちの知性主義の裏返しとしてのアレルギーにすぎない。すなわち、人が、知識の問題を現代の人間がおかれた諸問題の中の一つの問題として論じているのに対して、そこをすぐに感違いして、知性を人間の中心にすえてはいけない、などと言い出す。知性の問題に関して、人間の中心にすえるべきは知性なのかどうか、という問いしか持ちえない、というのは不幸である。それで、ドン・キホーテよろしく、自分がそのように悪魔的敵として設定した「知性」に対してむきになってつっかかるのである。

第三に、これは私の表題のつけ方が不鮮明であったせいでもあるが、「新しい知性の創造」ということを私が述べたのは、従来の知識の設定のされ方を批判的に転倒していく新しい知的状況がつくり出されなければならない、という意味の主張であるのに対して、本当の「創造」がなされるとしたら、それは「知性による創造ではなく、感性による創造だと思う」といった「反論」が対置される。これも問題のすりかえである。私は、「新しい知性」なるものによって「創造」活動を展開しましょう、と提言したのではなく、新しい知的状況を、それも、何か架空に理想を描くのではなく、従来の知的状況を批判的に解体していくような作業をつくり出そう、と主張したのである。

この際、知性と感性をあれかこれかにおくような議論に私としてはつきあっている暇はない。人間的に全体的な創造が行なわれるとすれば、それは、知性によるのでも感性によるのでもなく、もしくはそのどちらか或いは双方だけによるのではなく、まさに人間的に全体的な活動としてしかなされない、と言うしかない。ただ、ここでは私はそういうことを論じようとしたのではなく、もう少し別の範囲のことを論じようとしたのである。一つの知的状況をつくり出そうという提言に対して、「本当の創造」とは何であるか、という問題を持ち出してくるのは、すりかえである。

もちろん、私とて、ここで私が言う意味での新しい知性の創造が、個々人の知的努力によって達成しうるなどとは思ってもいない。しかし、それはましてや個々人の感性や情熱によって達成しうるものでもないのだ。すでに、自然科学者の友人の言葉に関連して言及したように、この問題では、知性も感性もまとめて変革されねばならない。全体的な創造が達成されるのは、あくまでも人間的に全体として、つまり、歴史的社会的規模においてであって、それは巨大な社会的革命の上にしかありえない。知性による創造か感性による創造か、といったようにけちな問題ではないのである。けれどもまた、だからと言って、「その日」が来るまで手をこまねいて待っていればいい、というのではない。全体的な変革はすべての部分の変革と同時に遂行される。我々は知識の領域に関してもさぼっているわけにはいかない、ということなのだ。

最後に短く、私が「知識の自己展開」ということを述べたのに対して、マルクス主義的な見地から、「歴史的規定性をおびた科学が人間から離れて自己運動を起すなどということは本来的にはありえない」という反論がよせられたことを記しておこう（藤井清久『指』七〇年五月号）。藤井氏のこの文章はすぐれたものであるので、ここで下手に紹介するよりも、直接お読みいただく方がいいかと思う。ここでは、藤井氏の批判によって気がついたことだが、私の右の表現が誤解をまねき易いものであると思うので、そのことにだけふれておく。

つまり私は、この原稿を最初に雑誌に発表した時に、「知識というものは、それを追求する人間主体を逆に支配して、知識自体がもっている方向へと人間をひきずりこむ傾向がある」という言い方をしたのだが、それがこの反論をひきおこした。むろん、藤井氏の言うように、歴史的規定性をおびた科学が人間から離れて自己運動をおこす、などということはありえない。それはあくまでも、その担い手たる人間の歴史的所産なのである。ただし、そのことは全体を包括的に眺めた時に言えることなのであって、人間がつくりだしたものが逆に人間を支配する、という現象は常に見受けられることである。そしてそれは、藤井氏も指摘するように、資本制社会に特に強くあらわれる特色である。

ここでは、すべてのものは人間が歴史的につくりだした所産である、という基礎的な事実と、それにもかかわらず、人間は自分がつくり出したものによって逆に支配されるという現象がある、ということとの間の関係が問題になる。この両者の認識は、どちらか一方が正しく、一方が間違っている、というのではなく、その両者の関係が明らかにされなければならないのである。私がここで「知識の自己運動」という表現で指摘したかったのは、学問的前提(それは、右にふれた物理学者の友人の「感覚」の如きものとして現われることもあるし、ある学問分野が分野として設定されるされ方としても現われるし、学問的「方法」という仕方でも現われる）を承認してしまうと（それは、個人が意識的に決断して承認する、というよりも、社会的に長期間にわたって承認されている、という形でなされるのが普通である)、そこから先は、敷かれたレールにのって走ってしまう、ということであって、藤井氏によって誤解されたように、この学問的前提が学問なるものの永遠不変の本質である、などと言おうとしたのではない。この学問的前提こそが社会的歴史的所産なのであり、それに抗う必要がある、と言いたかったのである。それを承認する行為は、右に指摘したように、非常に広い（時間的にも地理的にも）広がりをもった社会的行為であるから、個々人は自分で決断しなくても無意識のうちにそれを承認し、それによって規定されてしまうのである。そしてこのことは、個々人だけでなく、ある一定範囲の社会集団（たとえば現代日本の学者、技術者の社会）についてもあてはまる。ある一定範囲の社会集団は、より広い歴史的社会的流れの一こまでしかないから、後者の生み出した歴史的社会的イデオロギーを無意識のうちに永遠不変の真理として前提し、その結果として、その大きな枠づけから逃れられず、かえってその枠づけを強化するように働いてしまうのである。

第三章　季節によせて

二月――小指

タイプライターを二、三時間続けて打つといらいらしてくる。かなり慣れてもいるし、素人としてはまず人に負けない程度の速さで打てるのだが、好きにはなれない。左手の小指が最もよく動かねばならず、最も重いキーを押さねばならないからなのだ。だいたい、左手の小指などは一番力のないもので、それにふさわしくつつましく動けばいいのである。ところがこのタイプライターという機械は僕のすべての指に完全に平等な動きを強いる。しかしこれが近代文明というものではないのだろうか。一切が機械の方で定めた規格にあわせることを要求され、小指が小指であるよりも、他と均質な一本の指として扱われる。我々の生活全体がだんだんとそのような規格化にあわせて整理されていく。便利で快適な生活が小指の個性をうばっていく。しかし、本当の文明とは、小指が小指らしい可愛らしさと個性を保てるように機械に奉仕させることではないのか。それが近代を超える文明につながる。左手の小指がたまに一、二度軽いキーを押せばすむようなタイプライターを誰かがつくってくれないかと思う。

（一九六八年二月）

二月——小指

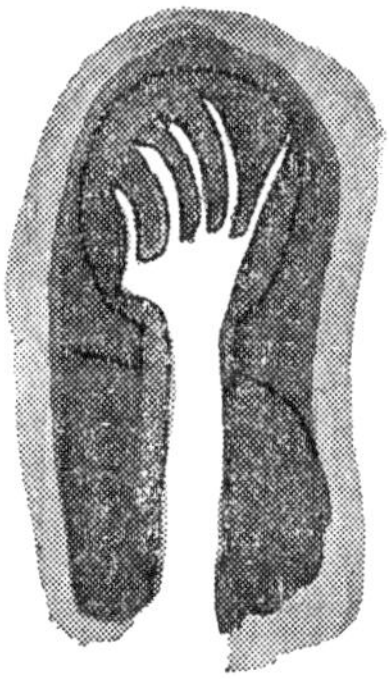

六月――言葉

フランスに居た時に、人から、日本の大学では何語で講義するのかとたずねられて、びっくりした。何故そのような質問をするのか、真意がつかめなかったのである。ところが、その後アフリカの友人から同じ質問をされて、やっと意のあるところを理解した。大学程度の学問をやるのに、土着の言語では駄目なので、フランス語で講義をするのか、それとも英語でか、という意味の質問なのだ。日本ではどんな大学でも日本語で講義をしている（もっとも戦後の占領時代に生れた一、二の例外はあるが）、という当り前な事実を、その時になってどれだけ有難く思ったことか。そして、アジア、アフリカの大部分の国では、植民地時代の支配者の言語でしか大学程度の学問を学びえないのだ、という事実に、改めて慄然とした。自分の日常話している言葉で思想や学問のいとなみをなすことができない、というのは恐しいことだ。これでは、文化的、人間的に植民地化されてしまう。にもかかわらず、横文字か片仮名で表現すれば文化的だと思っている者が何と多いことか。言葉を裏切る者は精神を裏切り、ついには脳髄までコカコーラのあぶくにひたる。

（一九六八年六月）

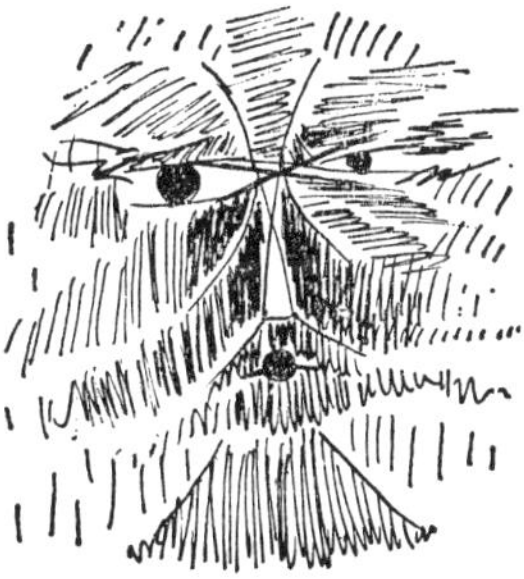

十一月――墓

ヨーロッパの十一月は灰色の月でした。冬が近づき、北国の昼間は短く、光の分量も少く、草木は枯れて、ぼんやりと霧がたちこめる、憂鬱な月です。この暗い月は万聖節にはじまります。日本で言えば、お彼岸にあたる行事で、墓参りの月です。人々は盛装して花を沢山持ち、お花を飾りに出かけます。彼等の墓はできるだけ清楚に飾られ、つくられています。暗い十一月に、真冬の訪れの前の最後の散歩の足がふらふらとひきつけられていくところが墓地でした。霧の中から少女の美しさを持つ花の世界が現れる。それはしかも自然に生きた花ではなくて、飾られた花の悲しさを持っています。このようにして、死の無意味さ、恐しさ、みにくさをおよそ追放してしまうような仕方で、墓地を美しく飾る、それも濃厚な美しさでなく、清楚にさりげなくととのえるのは、人間の死に対する空しい抵抗でしょうか。それはまた、みにくいものに覆いをかけて見えなくする虚偽の逃避でしょうか。いえ、むしろ私は十一月の墓場に散歩に行くのが好きでした。死を美しさによって覆ってしまう、そこには本当の美しさがありました。美とはそもそも悲しいものですから。

（一九六八年十一月）

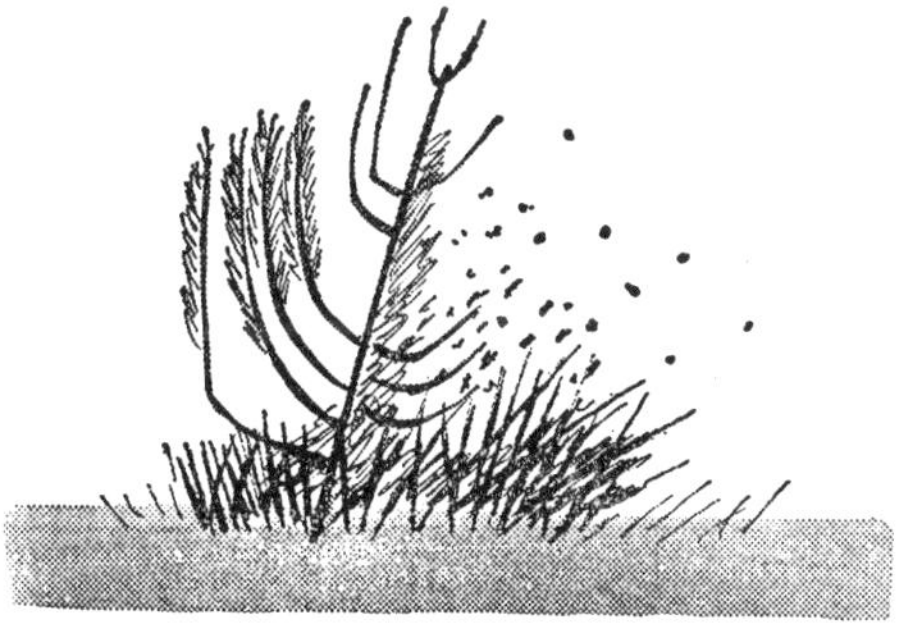

三月――春

私は少年の頃春よりも秋が好きだった。明澄、すきとおった明るさ、落着きと休らぎ、哀愁、ものがなしさ、など、どちらかというと体力のない少年には親しみをおぼえさせる季節なのだ。春は落着かない。眠っていたものがてんでんばらばらに目を覚し、勝手に動き出すものだから調和に欠け、雑然として、光が増したばかりに今まで気がつかなかったほこりまで目につくようになる。必要以上にエネルギーが出てしまう感じで疲れる。

しかし、春と秋の相違なら、好きか嫌いかということで話はすむ。何か歴史的に、人間的に、新しいものが生み出されようとする時には、趣味の問題と言ってすますわけにはいかない。社会が新しく動き出す時は春と同じことなのだ。急に明るみに照らし出されて、ほこりが沢山目につくようになるし、芽生えに伴って雑然とした未完成の無恰好さが生じる。さまざまの矛盾、不調和。身の内から出る新しい生命力や身のまわりに起る新しい生命力にゆり動かされて感ずる倦怠感。

春の喜びが、不調和をつくり出して、それを越えていく生命力を感得することにあるとすれば、歴史の新しさをになおうとする者は芽生えの疲れを通過せねばならない。

（一九六九年三月）

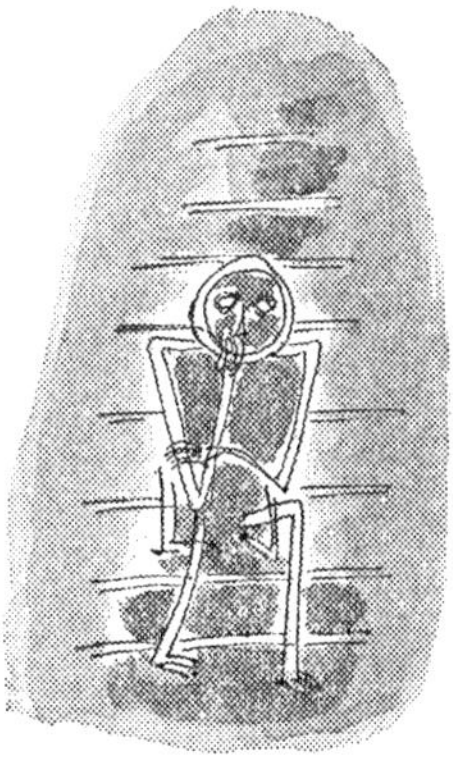

八月――ひろしま

お墓を美しく飾るように、広島の町は小ぎれいに装っている。それも仕方がないことかもしれない。生きものには自分の傷を新しい細胞で覆い隠す生理的な働きがあるものだ。そっと古傷が人目にふれないようにやわらかく包まれ、いやされていくとすれば、それは美しい人間のいとなみと言えよう。しかし古傷が美しげな覆いの下で癒されずに痛み続けているのが放置されているとしたら、恐しいことだ。

我々の仲間のある婦人からこんな話を聞いた。彼女自身爆心地から数キロのところに居た被爆者なのだが、彼女の姪御さんが当時生れて間もない赤ちゃんで、かなり爆心地に近いところに住んでいた。身を挺して子供を保護した母親の身体には爆風で割れたガラスの破片が数限りなくつきささったという。この姪御さんが未だに被爆者手帳をもらえない。肉親以外で当時近所に住んでいた人が証明しなければ交付しない、というお役所仕事だ。当時近所に住んでいた人達！　焼けただれた石のかけら以外に彼女の存在証明をするものは残っていない。

（一九六九年八月）

十月――栗

朝早く庭に出たら栗の実が一つ落ちていた。まわりを見まわして誰も見ていないのを確かめると、あわてて拾ってそ知らぬ顔をしてポケットに入れた。この秋ただ一度の栗を食べる機会である。もしも上級生に見つかりでもしようものなら、折角の実をとりあげられてしまうばかりか、黙って自分のものにしようとした、というので、なぐられるかもしれない。

さてポケットに入れたのはよいが、食べる機会がない。八畳間（六畳間だったかもしれぬ）に八人という生活である。学校の行き帰りも班をつくって、個人行動は許されない。一人になれるのは手洗いの中だけだった。たった一粒の栗を食べるだけなのに。

歯で皮をむいて、生のままかじった。別にうまくも何ともなかった。そして、その日の晩から一週間近く、ひどい下痢をしてしまった。粗食で弱った胃にはとても生栗は受けつけられなかったのである。——みじめにも悲しかった。終戦の年、小学校四年生の集団疎開の思い出である。

（一九六九年十月）

十月——栗

第四章　宗教批判的発言

神の否定

近頃「神の死」について語られることが多くなりました。主としてアメリカの若手の神学者によって主張され、「神の死神学」などという逆説的な標語でよばれている動きが問題の中心のようです。これはもちろん、文化の世俗化という非常にアメリカ的な問題と結びついているわけですし、ハミルトンだのアルタイザーだのという「神の死神学者」達の語り口はいかにもアメリカ的なにぎにぎしさをもっているわけで、従ってこれを良くも悪くもアメリカ的な現象として眺めてすますこともできましょう。しかし彼等はいわばヨーロッパ的なキリスト教の伝統を自分達の現在の場において前向きに消化しようとしているのですから、その意味で、これはキリスト教のアメリカでの土着の試みである、と言えます。そして重要なことは、彼等の語り口が思想的な厳密さからいえばかなりたどたどしいものではあっても、誠実に地に足をつけた土着化の試みをなしている、ということでして、彼等が単に言葉の遊びをしているだけではない、ということは、たとえばハミルトンが、神の死の肯定から出てくる世俗世界への運動を公民権運動や貧困に対する戦いに結びつけている、という点でも知られるわけです。しかしこのアメリカの神の死神学については、また機会を改めて取りあげることにします。（註、アメリカの「神の死神学」についてのこの積極的な評価は間違っている。やはり、そのイデオロギー的な虚妄さをつかねばならない。本書におさめた「世俗都市の拒否」および『指』一九六八年八月号参照）。ここではもう少し別の角度からこの問題を論じてみたいと思います。日本のキリスト教界、またキリスト教界だけでなく思想界全体でも、欧米で話題になったことには取組むけれども、同じことを日本人が前から発言していても、ちっとも本気になって耳を傾けない、という悪い習慣があります。神の否定の問題についても、アメリカあたりの中途半端な議論よりは、日本のキリスト教界においてすでに赤岩栄が『キリスト教脱出記』（一九六四年）その他で強く問題をつきつけているのに、アメリカの「神の死神学」で騒ぐ日本のキリスト教徒も赤岩栄を意識的に避けて通っているし、また、遠藤周作の例の小説『沈黙』も神の沈黙を大きな問題として掘り下げたものとして、もっと日本のキリスト教界は正面からとりくまねばならないはずです。

ところで今名前をあげた遠藤周作の場合、問題になっているのは、神が存在しない、ということではなく、神の「沈黙」なのだ、という点に面白味があります。つまり、日本の伝統的な思想においてはもともと神の存在などはじめから問題になっていないので、今更「神は死んだ」などと言ってみても、それは実はもともと存在しなかったものを、やっぱりなかったではないか、と確認し直しただけのことにすぎません。従ってそれ以上の意味は持ちえませんし、目くじら立てて議論する問題でもないわけです。いわば対岸の火事にしかすぎないのです。ところが神の沈黙ということになると、神を信じている者にとって、本来語るべきはずの神が語らずに沈黙している、ということですから、これは単に空白の確認ではなく、大きな不条理の自覚なのです。遠藤周作は、神の「沈黙」を問題にすることによって、かえってそれを人間の生の状況（彼の言うところの「弱さ」）に対する神の肯定という信仰的方向に持って行っているのですが（それは彼が言うように「プロテスタント的」なのかもしれません）、しかし本当はそこで逆転させてしまうのではなく、むしろ積極的に神を拒否する思想にたどりつかねばならなかったはずです。ここで、積極的に神を拒否する、というのは、もともと神なんぞ存在していないのさ、という消極的な無神論ではなく、積極的に、神を信じる思想に対して抗い、それを否定しつくしていく行為です。何故なら、神の存在にあくまでも固執する、というのは、神の問題ではなく、それに固執する人間の問題であるので、どうせ神などいないさ、と一言で問題をそらしてしまうよりも、どうして神に固執しようとする人間が常に絶えないのかを明らかにしつつ、そのような神信仰を生み出してしまう人間の精神構造を積極的に転倒させていくことが必要だと思うのです。神なんぞいないさ、と言いながら、実は、神という名前を自分の辞書から消しただけで、神信仰に固執するのと基礎的には同じ精神構造を保ち、しかも明らさまに神信仰に徹底するわけでもないから、自分の精神構造の基礎を自分で自覚することもない、という曖昧な無神論者が非常に多いのです。そういう無神論者に対しても、積極的な無神論をつきつけていく必要がありましょう。

ここでは、アルベール・カミュの『ペスト』を素材として、神の否定の問題を論じてみようと思います。というのは、古今東西の文学作品の中でこれほど積極的に神を否定しているものはない、と言ってよいほどであり、その故にカミュ自身この作品を彼の書いた最も反キリスト教的な作品とよんでいるのです。そして、彼の神の否定の仕方は、いわば逆説的に聖書の思想と向いあっている、ということができます。というのも、聖書的な神信仰を徹底して問いつめていけば、その神肯定のぎりぎりの頂点で逆に積極的な神の否定へと転換せざるをえない質のものだからです。もちろん、聖書のどの部分も、イエスでさえも、そこまではたどりついていないのですが、しかし、聖書の中の比較的良質な部分においては、すでに、その一歩手前のところまでは鋭く問いつめられている、と申せましょう。そして、我々は、カミュの神の否定の仕方に、このような聖書的伝統を継承した現代西欧人の良質な思想を見るのです。

もちろんこれは大作ですから、様々の問題がからみあって出てくるのですが、ここでは、文芸評論的にカミュ論や『ペスト』論を展開するつもりはありません。この作品の中で扱われる諸問題の中で、神の問題は、パヌルー神父という登場人物を中心にして展開されます。アルジェリアの第二の大都会オランの町にペストが流行した、というのが物語の設定です。その結果オランの町は封鎖されて、ペストがおさまるまでは、町の人々はもはや町の外に逃げ出すこともできず、自分達だけでペストと対決していかねばならなくなります。こういう物語的設定の中で、何人かの登場人物を通してカミュは人間の動きの種々相をえがくわけですが、その中で、ペスト流行の初期と病魔がもっとも力をふるっている時期と、二度ほどパヌルー神父は教会にあふれるほどに集った聴衆に対して長い説教を語ります。この二つの説教の間で、パヌルー神父のものの見方は大きく変化するわけです。この変化を描くことが、『ペスト』という作品の一つの頂点をかたちづくっているのですが、それに従って、この変化の前と後との二つの説教が、それぞれ異なった典型的な宗教的態度の表明となっているわけです。

第一の説教は非常に高圧的な調子で語られます。これは、ペストが町にはやりだした頃、教会が町の多くの人々を集めて集団祈禱の週間をもよおし、このように祈ることによって、「彼ら独自の方法でペストと闘うことを決意した」のだけれども、その祈禱週間の最後の日曜日に、満員の聴衆を前にして、神父が語った説教、という設定になっています。そしてここでは、大きな出来事に対して一人の宗教的説教家が、まさに説教家よろしく、その出来事に対して、決して自分自身の生活と生命に関わることとして取り組もうとせず、むしろそれを、説教をするのに絶好の機会として利用している、という型の説教がなされるわけです。宗教家の、またあらゆる類の評論家の、第三者ぶって知恵を説き聞かせようとする、そういうおしゃべりに対するカミュの皮肉が最大限にこめられている場面です。それは土砂降りの雨の日で、湿っぽい風が教会堂の中にまで吹きこんで来る中で語られた、というので、知識人がこの種のおしゃべりをする時の高圧的に威張った様子がいかにもうまく表現されていいます。実際今でも西欧の教会の牧師は、大伽藍の中に反響する声の大きさが権威を象徴するかのような仕方で説教をし続けているのです。カミュの文学的な才能は、この説教を、第二回目の説教と違って、直接話法でつづり、それも、神父に、「汝らは……」と二人称複数形で聴衆に呼びかける、という文体で語らせているところにも現われています。牧師や神父が、そして知識人一般が、「汝らは」と二人称で語っている限り、自分は評論家的に第三者の立場に身をおいて考えているものです。

それはさておき、我々にはその説教の内容が問題です。「兄弟達よ、汝らは不幸の中に居る。兄弟達よ、汝らにはこれは当然の報いなのだ」と呪いの言葉で神父は説教をはじめます。この疫病が最初に歴史に現われたのは神の敵を罰するためだった、つまりモーセの時にエジプトのファラオを罰するために神はペストを此の世に送った、だからこのような疫病、世の中に存在するすべての苦しみは人間の犯した罪に対する罰なのである、という結論を神父はひき出します。ペストがこの町に生じたということは、汝らが当然それだけの罰に価する罪を犯してきたからに相違ない、というのです。だがこの罰は無益ではないので、むしろこれこそ神の与え給うた慈悲であり、この罰こそ神が汝らに与えた救いである、つまり、この罰によって汝らは目が覚めて、真理へとたち帰ることができるので、ペストこそ汝らの救いのために神の与え給うた恵みなのだ……と強引に我が田に水を引きます。そして結論として、「すべての苦しみの底に動いている永遠の優雅な輝きが悪を善に変える」と申します。

つまり、パヌルー神父の第一回目の説教は、月並な宗教性の表現として描かれているのです。どのような災悪に際しても、それを手がかりに、自分達の宗教信仰の偉大さを語ろうとする宗教家の手前みそが巧みに表現されています。「湿った風が今や会衆席の中にまで吹きこんでいた」という状景描写が、この月並な宗教性が現実の悪の場におかれた時、いかにうすら寒いものでしかないかということを見事に象徴しています。要するにこれは因果応報の思想にしかすぎないのです。此の世に存在する悪を身をもって苦しむことはせず、いわば高見の見物で、自分達が抗わねばならない悪の存在をも神の秩序の中に正当化しようとするのです。神を肯定したいがために、此の世に事実存在し、我々の頭の上に重くのしかかってくる悪をも善と言いくるめる、これこそ、宗教は阿片である、と呼びたくなる度し難い宗教心です。自らの宗教心を満足させるために、現実の悪を直視しようとしない態度です。

ところが第二回の説教の前に、神父の改心とでも呼ぶべき事件が起ります。たまたま、小さな子供の臨終の場面に立合うのです。そして、何の罪もない無垢の子供が「焼けつくような熱の発作」で寝台の上をあばれまわり、ついに、「灰色の粘土のように凝固した顔」から長い非人間的な悲鳴が発せられて、息絶えていくあり様を一部始終見とどけたのです。このような体験の後にはもはや神父はペストという疫病の存在を合理化して神の善なる意志として説明することはできなくなります。つまり神父は、悪を自分の外側に存在していることとして眺め、第三者的に、それをも神の正しい秩序の中に設定して説明しよう、などというわけにはいかなくなり、まさに悪を悪として、人間を押しつぶす力として直視するに到るのです。このような悪はあってはならない、にもかかわらずそれは存在する！この自覚から神父は二度目の説教をもはや高圧的に「汝らは……」ときめつける文体ではなく、「私達は……」と自分自身の問題を告白する文体で語るわけです。説教家が「汝らは」という文体を離れて、「我々は」という文体を自分のものにした時、はじめて自分の、また自分達の、歴史的実在に目覚める、と申せましょうか。もっともその時説教家は説教家ではなくなりますが。

けれども、この説教家がそれでもなお神の実在とその神への信仰とに固執しようとすれば、いやでも論理的矛盾を背負いこまねばなりません。神が存在するのに、なおこのような悪が存在するとすれば、それは我々の理解を絶していることになります。しかもそれは神のつくった秩序の中にあるのですから、神のなすことは我々の理解の尺度を超えている、ということにならざるをえません。とすれば、悪の存在について、どうしてそのような悪があるのかを解ったような顔をして説教する（第一回目の説教）という姿勢は放棄して、わからないままに、しかしそれを神の意志として「全部そのまま受けいれる」ということにならざるをえません。それは、沈黙の屈従を意味します。けれども、神に対する積極的な信仰心を捨てまいとすれば、それは、仕方がないから諦めて屈従する、というのではなく、神の意志に従うことは、たとえそれを理解できなくとも正しいことのはずですから、「屈従している者がそのことに同意する、そのような屈従（ケノシス）！」なのだ、ということになります。罪のない子供の死は、精神にも心情にも屈従を強いるものです。けれども、それが屈従を強いるが故に、まさにそれを受けいれねばならない、というのが信仰だ、ということになります。つまり、「神が欲するが故に欲しねばならない」ということです。これは運命論とよぶこともできる、とパヌルー神父は言います。しかしそれは諦めて運命を甘受する、というのではなく、積極的にそれに同意する、という意味で、「積極的運命論」と呼ばねばならない……。

この第二の説教には、此の世に存在する悪を悪として直視しようとする正直な姿勢を見ることができます。そして、これは恐しい論理的帰結なのですが、もしも神が存在するのならば、悪の存在という屈従をも神からせまられた屈従として同意せざるをえなくなるはずです。絶対者なる神、超越者なる神の意志ならば、まさにそれが超越者の意志である故に、理解できようとできまいと、屈従であるうと栄光であろうと、全部をそのまま受けいれねばならない、それが信仰なのです。そして、この第二回目の説教は、無神論者カミュが書いたにもかかわらず、まさにヨブ記の精神を的確につかんでいる、と申さねばなりません。あるカトリックの評論家がこれを批評して書いていることですが、神学者ならこの二度目の説教は一言一句そのまま承認できるほどに、見事にキリスト教信仰を把握していると言えます。第一回目の説教は月並な宗教性にしかすぎないのであって、聖書中の比較的良質な文書（ヨブ記のような）もこのようなものの見方には反対しているのですが、第二回目のものはキリスト教信仰のもっともすぐれた立場の一つを紹介している、と言ってもよいでしょう。そしてそれだけに、このような信仰にたどりついたパヌルー神父を、いわば自殺にも等しい仕方で死なしめている、というところにカミュのキリスト教批判があるのです。つまり、このような信仰に立つならば、自分も疫病に感染した時には、神より与えられた屈従として同意しつつ受けいれねばならないはずです。それをそのまま実行に移せば、黙って病床に伏し、医者の診察も拒否して死んでいくよりほかに仕方がないのです。ここには、神の絶対に対して人間には沈黙しかないのです。パヌルー神父はこの時より後、積極的に救援組織に加わって、救護活動にあたります。けれどもその結果自分もペストに感染してしまうと、このように医者の診察を拒否して、黙って死を受けいれていくのです。そして、これが信仰としていかにすぐれていても、ここからはペストに対する徹底した闘いは出てこないのです。だがいったい、人間にとってなさねばならないのは何でしょうか。何故ペストがあるのか、ということを神の秩序の中で説明することでもなく、神の存在の故にペストを受容することでもなく、解ろうと解るまいとペストと闘うことではないでしょうか。そして、神の存在を肯定することからは結局ペストに対する闘いが生まれてこないとすれば、なすべきことは、神を否定してペストに対する闘いにはせ参ずることではないでしょうか。かくして神の否定は単なる思弁の問題ではなく、人間にとって積極的な意味を持つのです。我々の知るべきことは、この積極的な意味ではないでしょうか。

カミュが疫病ペストによって何を象徴しようとしているかはいろいろ議論のあるところでしょう。第二次大戦中のナチスのフランス占領を「ペスト」によって象徴し、それに対する抵抗運動をペストに対する闘いになぞらえた、というのが普通の解釈です。もちろんカミュは、対独抵抗運動に話を限りたいのではなく、そこからもう少し普遍的な問題をひき出そうとしているのですが、この作品を書くにあたって彼の頭の中に主としてあったことは、対独抵抗運動の種々相でしょう。ただ、それをもう少し一般化して、カミュ独自のヒューマニズムから、人間を否定するすべてのもの、すなわち「悪」を、ペストによって象徴している、ということができます。この比喩を通してカミュは、人間を否定するものすべてに対して闘っていかねばならないと宣言しているのです。ところで面白いことに、カミュは自分自身の意見を表明する言葉として、「誰でもが自分の中にペストを持っている。そして、いつでも警戒していなければ、ほかの者の顔に病毒をくっつけることになる」というせりふを作品の中に記しております。この場合、「ペスト」は明らかに比喩的な言葉づかいです。人間は人間を否定するものに対して徹底的に闘わねばならないのであり、それは何故と問う以前のことであって、問う前にすでに闘っておらねば人間が圧しつぶされてしまうのです。立止って神を肯定しているような暇は本来ないはずです。しかし、この人間を否定する「ペスト」の力がどこから来るか、ということを同時に問うことをやめるわけにはまいりません。そして、カミュのこの作品は、その点については、大きな作品の中にほんの短かく右のようなせりふをおいて、問題の所在を示唆するにとどまっております。つまり、人間を否定するものが、まさに誰でもの人間の中にあって、人間が人間の手で人間を否定するものを絶えずつくり出している、ということです。従ってカミュの神の否定は、いわば、人間の人間に対する闘いの要請だ、ということになりましょう。ここに彼は、一種の絶望的な人間観（誰でもが自分の中にペストを持っている）をつつみかくすことなく表現し、しかも、その絶望に身をゆだねることなく、どこまでもそれに抗って行こうとしている、と申せましょう。これは単純な人間讃美でもなければ単純な人間の拒否でもないので、人間を否定することを通して人間を肯定する行為です。

この立場には、旧約聖書の中で神話的に語られた創造信仰の中にはらまれている矛盾をさらに煮つめていったものが示されております。すなわち創造信仰は此の世の秩序、殊に人間存在を神によって造られたものとして、善なるものとして肯定するものです。しかも創造信仰はそれと重ねて語られる原罪の神話によって、人間はそのままの姿では肯定しえないことを、人間の被造性とは否定さるべき存在のしるしであることを、鮮明に語ろうとしているのです。創造信仰によって、世界の存在を善として肯定しようとしつつ、そこに、人間の原罪を語る神話を織りまぜることによって、人間における悪と苦痛の問題にとりくもうとしたのです。そこには旧約聖書時代の神話の語り手達の人間を見る眼の一つの直感があった、と言わねばなりません。そして、この神話の語り手達が感じとったことを、つまり、神信仰の世界の中で、人間が人間であるためには人間を否定する努力をせねばならない、ということを、もっと煮つめていけば、同じことは神の否定によってより鋭く提示される、ということになります。神の肯定にはもともと神の否定が含まれていたのです。というよりもむしろ、問題は結局人間自身にもどってくるのです。何か他のものを肯定するために人間を否定してはならないのであって、人間を肯定するために人間を否定する闘いがあるのです。

（一九六七年十一月）

〈追記〉これは、『指』再刊第一号の巻頭にのせた文章である。従って、第一次『指』の赤岩栄が志向したものと接点を保ちつつ、しかも自分達第二次『指』の基礎的方向を提示しようと試みた。その結果、赤岩栄がいわば反キリスト教的ヒューマニストとしての姿勢を保とうとしたことを意識的に継承し、アルベール・カミュの反抗的無神論にことよせて、自分達の雑誌がキリスト教批判を基調とするものであることを宣言したのである。しかし、赤岩栄が、神を信仰する者達をいわば前時代の遺物的な愚物として馬鹿にしてすまそうとし、その裏返しとして、彼のヒューマニズムが甘い要素として残ってしまったのに対して、我々はここで、神信仰に対してむしろ積極的に抗うことを主張しようとした。もちろん、この出発点における我々の見解は、まだ非常に不十分なものであった。ここで本当の問題は、カミュが「ペストに対する闘い」ということで指摘していることを、彼が「悪」の存在を「誰でもが自分の中にペストを持っている……」という一般的な言い方でしか表現することができなかったことを、実際に即して明らかにしていくことであったはずだ。さもないと、「人間」が抽象名詞になる。「悪」は悪一般としてではなく、そのよって来たる歴史的社会的構造を明らかにする、という形で問題にされねばならない。そのことは、宗教批判から現代批判へという展望を獲得することによってはじめてなされるのである。

　ここでは、かなりな程度に文章を書き改めたが、それでも、最初に発表した時の文章の趣旨を敷衍し、言葉づかいを直す、という程度のことしかできなかった。文章の大枠をも変更しない限り、現在の自分の視点に従って十分に書き上げる、ということは不可能であるし、この文は、我々の宗教批判の活動の、不十分ではあるけれども未来に展開の余地を残した出発点の記録としてお読みいただければよい、と思ったのである。

　なお、この文章に対して、文学者の作品を根拠にしてそこから神の不在を証明するのは正しくない、小説は事実ではなく、作家の仮構にしかすぎないのだから、という反論があったことを記しておく。この種の反論は、文学を読む姿勢としても、神の否定の問題についても、間違っている。後者について言えば、神が存在しない、ということは、わざわざ証明しなければならないようなことではない。神が存在すると思うのは、そう思う人間の思想の問題であり、それが人間の思想である限りにおいて、人間の生の現実とその思想とのはざまをつきながら批判することができる。そして、そういう批判をいくら話しても、神信仰に固執する人々を説得することはできない、というのは当然である。私は何も神の不在を証明して、そのことによって彼らの信仰をやめさせるためにこういう文章を書いているのではない。それほどおせっかいではないし、そのような暇もない。神信仰に固執する人々は、誰が何と言おうとそうしよう、と断乎決断してしまったのだから、論証することによってそれを変えさせることはできない。変るとすれば、彼らが自分の方から変ることができるだけである。我々がこういう文章を書くのは、むしろ、神信仰に固執する思想が拡大再生産されていくのを批判的に食いとめるためであり、かつまた、人間のイデオロギーの働きを的確に押さえて自らに対する自戒とするためである。

前者について言えば、私がこの文章で、文学作品を根拠にして神の不在を証明しよう、というようなけちなことをしようとしているわけではないことは、一目瞭然であろう。パヌルー神父の物語を一つの事実とみなして、そこから何かを論じようとしたのではなく、このような人物を創造することによってものを言おうとした作者の思想を評価しつつ、紹介したのである。問題は作者の思想なのであり、そしてそれが、神を信じる者に対する鋭い批判になっている、ということなのだ。神を信じる者が、人間社会の現実から目をそらすことなく、しかも神を信じる信仰を誠実に貫ぬこうとすれば、パヌルー神父の第二回の説教のようにならざるをえないはずだ、ということを作者は指摘しているのであり、そしてそれは、キリスト教の良質な、かつ徹底した部分（それはキリスト教内部では常に稀少な存在でしかなかったが）に実際に見られるものだ、ということを私は言いたかったのである。そして、神を信じる、と言いつつ、しかもこのような姿勢をとりえないとすれば、それは、人間社会に横たわる様々の苦痛の事実をごまかして見ている、もしくは、見ないでいるか、それとも、神信仰の方をごまかして、神を信じると言いつつ、ちっとも神信仰に徹底しようとしないか、どちらかである、あるいはむしろ、どちらをもごまかしている、ということなのだ。カミュのこの作品は、そういう批判を暗黙のうちに内在させている。しかしまたここでイデオロギー批判としてなさねばならないことは、どうして人々は神信仰をむしろ曖昧なままに保存することを欲するのか、という事情を明らかにすることである。

むしろ、私のこの文章の欠点は、カミュの思想を紹介しているにすぎない、という点にある。むろん、これは、神の否定の問題についてはすぐれた思想だから、それを自分のものとして消化するのは正しい。けれどもなお、右に指摘したように、「悪」がカミュにおいては極めて具体的なものから極めて形而上学的なものまで包括する概念となっている。そのふくらみの中味が批判的に再検討されねばならない。それをカミュ論という形で展開するのは、いつか時を改めて手をつけてみようと思うけれども、直接にカミュ論という形ではなくとも、少くとも宗教批判に関する限りは、この拙文の欠点は、本書におさめた現在にいたるまでの『指』の文章で、自覚的にのりこえようとしてきたつもりである。

不幸について

——シモーヌ・ヴェーユによせて——

　昨年末（六七年）頃からシモーヌ・ヴェーユの作品がかなり翻訳されて手軽に読めるようになりました。これは歓迎すべきことです。あの特異な生き方をして、激しいエネルギーが身体を燃えつきさせたかのように、若くて死んでいった女性の思想に、邦訳で手軽に大勢の人が接しられるのは必要なことです。殊に、『神を待ちのぞむ』は今日原典でも絶版の入手困難なものだけに（註、その後手にはいるようになった）、私自身非常な期待をもって邦訳を歓迎したわけです。ヴェーユの書き残したものはいろいろな領域にわたっていますが、彼女のキリスト教理解を知るためにはこの本がもっともよいようです。その経歴からいって、彼女の頭の中にあるキリスト教はほとんどカトリックのものであることは当然です。それがまたこの本のキリスト教理解の狭さでもありましょう。そしてまた、この本にはおよそ平凡な発想が書きつらねてある中に、鋭いすぐれた言葉がうもれ火のようにうめられているので、忍耐をもって読まないと、馬鹿馬鹿しくなってすぐに放り出したくなるような本です。整理されていない断片的な思想の羅列なのです。もっともそれはやむをえないので、発行するために整えられた文章ではなく、手紙だのノートだのパンフレットの文章だのを集めたものですから、もしも彼女がもっと生きて、思想を発酵させ、自ら文章をととのえられたら、もっと余程面白いものになっていたはずです。従って読者としても、自分でうもれ火を掘り出す努力を要求されましょう。それがまた面白いことなので、真の読書人とは他人の書いたものの中に自らすすんで何ものかを発見しうる人なのです。

ところでこの本の中に「神への愛と不幸」と題する一文があります。おそらくこの本の中で最も面白い部分でしょう。これはヴェーユがナチスの手をのがれてマルセーユからアメリカにむかって出発する直前に記した文章です。ある意味で、彼女のそれまでの生活の総決算のような文です。というのは、工場労働者として生活したことを中心とする豊富で激しい体験の時期と、それに続いてマルセーユ近辺で静かに宗教的思索に沈潜した時期とが彼女のそれまでの生涯の主な二つの時期なのですが、その二つの時期の体験と思索を統合しようと試みたのがこの文なのです。労働者として生活した時に自ら深く体験した不幸と神への愛との関係を問うているわけです。彼女の思想は不幸の思想と形容することができましょう。常に持病に苦しめられていただけでも、人より多く不幸を背負いこんでいたのですが、それだけにとどまらず、自らすすんで他の人々の不幸の世界に身を投じていったのですから、不幸とは何であるかについての洞察は他の思想家の追随を許さない深みと鋭さを持っています。その一部をここに紹介してみましょう。不幸は単なる苦痛とは異なる、とヴェーユは言います。「肉体の苦痛であると同時に魂の苦悩であり、社会的な転落」であるのが不幸なのです。肉体の苦痛が

「大変に長くてたびたび起る」場合には、ついには「社会的心理的肉体的にその生命のすべての部分に達する」、これが彼女の言うところの不幸なのです。悲しみと不幸は違う。その間には、「水が沸騰する温度のように、連続と同時に境界がある。」と彼女は言います。これは重要な言葉です。つまり、不幸は我々がそれに対して抵抗する力を絶しておそいかかってくるものだし、しかもその不幸の存在を自分は理解できず、納得することができない。力と理解を絶したものであるが故にそれは大きな謎だ、というのです。「不幸はしばらく神を不在にする」とヴェーユが言うのはこの意味です。「不幸は何よりも無名なもので、とらえた人々から人格性を奪って、その人々を物にしてしまう。不幸は無関心であって、不幸にふれるすべての人々を魂の底まで凍らせるのはこの無関心の冷たさであり、これは金属のような冷たさだ。……彼等はもはや自分が誰かであることを信じなくなる。」この文ほど不幸の何たるかを見事に表現したものはありますまい。

さてヴェーユは、まさにこの不幸においてこそ神を知り得るのであり、神を愛し得るのだ、と考えます。これは逆説なのだということを知っておく必要がありましょう。「不幸は神の技巧の驚異であり」、不幸にあってこそ神の愛が人間に出会い、そして、不幸にあってしかも魂が神の方に向いている場合にのみ、「魂と神とを離している幕の厚みを通して穴があく」、と彼女が言う時に、決してこれを、不幸を神より与えられたものとして承認し肯定せよ、などという似而非宗教的発言と誤解してはなりません。彼女ほど生命のすべての力を注いで不幸と戦いぬこうとした人はほかに何人も見当らないでしょうから。彼女は不幸を決して承認できないものとして知っているのです。しかも不幸を人間存在の決定的要因として知ってもいるのです。人間が生きている限り不幸はなくならない。彼女が「不幸をへだたりとして見るのでなければ、不幸の存在を受け容れることはできない。……神自身は最大限度のへだたり、無限なへだたりに遠ざかった」と言っているのはその意味です。だから、不幸を神より与えられた教育の手段であるなどとみなして合理化、正当化するわけにはいかない、と言うのです。不幸は絶対に承認できない。そして不幸が人間存在の根底に横たわっている限り、我々は神について積極的に語ることはできないはずなのです。神が神であるならば、我々人間の存在を根本から否定してかかるような不幸の存在が認められるはずもないのです。ですからヴェーユは言います。「無限の空間と時間が私達を神から離している。私達はどうやって神を探すのだろうか。どうやって神の方へ行くのだろうか。私達が何百年歩いたところで、地球のまわりをまわるだけのことだ。」このように不幸の何たるかを知った者は決定的に神の不在を口にせざるをえなくなります。にもかかわらずヴェーユは、その不幸の中においてのみ神がむこうから訪れて来、その不幸の中においてのみ神の愛を知り得る、というのです。ですからこれはこの上もない逆説なのです。この点でまさに論理的明晰さを飛躍してしまって、しかも真理の奥深いところを言おうとしているのです。それだけにここには耳を傾けねばならない重要なものが表現されています。けれども我々はこの飛躍を飛躍のままほっておいてよいものかどうか。

前にも記しましたように、ヴェーユの文章は思想的に穴だらけでありまして、珠玉の真理が月並な多くの言葉と並んでおります。その理由の一つは、おそらく、この論理的明晰さを飛躍した点をそのままに放棄しているからでしょう。不幸を考える時も、個人的な体験だけが非常に強く働いています。そこでたとえば、殉教の死とか、ナチスによる迫害などは、それを与えた犯罪者が誰であるかわかっているのだから、抵抗する相手も意味もはっきりして、たとえ大きな苦痛ではあってもそれを耐えていくことができる、従ってそれは不幸ではなく単なる苦痛なのだ、などと言うのですが、これは、彼女の生きていた当時はまだ事実がよく知られていなかったからやむをえないとはいうものの、ナチスの暴虐の数々があますところなく明るみに出された今日、果して正しい言葉かどうか疑問です。神について考える時も、右に述べたような非常に鋭い着眼もあるのですが、他方では、プラトン的な至高善がそのまま神になったり、月並哲学の真善美の理念を神と同一視したり、カトリシズムの型通りの教義を反復してみたり、というところも多く、そのままではどうにもいただけないところが多いのです。特に、神との関係を何か神秘的な交りのようにとらえている場合がそうです。ですから、先に述べた不幸についての逆説的な鋭い把握にもかかわらず、不幸の苦しさの中からあらゆる思索の働きを超越して何となく天がけり、神との交りにひたる、などという感じを与えるのでしょう。もっともこれは、最後の点で神秘性に飛躍してしまおうとするヨーロッパ思想特有の欠陥かもしれません。

にもかかわらず、ヴェーユの以上の発言が問題提起として深く我々にかかわってくるのは否定できません。つまり、人間存在の根本的な要素として不幸を指摘している、ということが重要なのです。不幸において神と交る、と彼女が言う場合、それが決して目を離してはならない人間の基本的条件なのだ、ということなのでしょう。不幸にあって不幸を免れる一番安易な方法は不幸を忘れることです。けれどもそれと共に自己が失われてしまう。よいものであろうと悪いものであろうと、それが人間を形成している基本的な要因である限り、そこから目を離せば人間は人間らしくなくなってしまう。この本の中に収められた他の文章の中で、ヴェーユは神の存在について極めて逆説的な議論をしています。「此の世に悪が存在することは、神の実在に反する証明になるどころではなく、神の実在をその真実性において私達に啓示するものだ。」というのは、神がもし此の世を創造したのだとすれば、絶対者、完全者であるはずの神がこのように自らに対して矛盾し、悪が支配し、不幸が基本的要素であるような世界の存在を容認したことになるし、単に容認しただけでなく、自らそれを造ったのですから、それはこの上もない愚行です。「神は創造の行為によって神自身を否定した。」そして彼女によれば、それは、それにならって我々人間が自分自身を否定することができるようになるためであり、それを示すためにこそ神はこのような自己否定を敢えてなした、というのです。「これだけが神の創造の行為という愛の愚行を理由づける唯一のもの」だというのです。

これはもうまったく逆説的な文章で、論理を超えてしまって、一種の悲鳴になっています。もっとも、逆説というのは常に悲鳴なので、それだけに真実の叫びでもあるのですが。いずれにせよここまで来ると実はもう神の実在ということはもはや問題ではなくなるのです。此の世が矛盾するもので、そこに悪がある限り、創造者なる神は否定されねばなりません。しかしここで我々が神の実在をただ否定してみたところで何になりましょう。必要なことは、我々が生まれながらにして「不幸」を背負って生きているのだ、という自覚であります。ヴェーユが、神が神自身を否定したことに基づいて、人間が自己を否定せねばならない、という時に、それは一種の悲鳴なのですから、よく気をつけないと、このひらめきのある言葉から鋭い人間理解も、くだらない宗教的陶酔もどちらも生れかねないのです。しかしそれが真理であることに変りはありません。

現代、特に二十世紀後半の人間の問題は不幸を不幸と感じなくなっていることにあります。直接の肉体的苦痛を感じる機会がずっと減ってきているからです。人間とは現金なもので、肉体的苦痛を感じるまでは問題を問題として感じないことが多いのです。現代の機械文明と化学製品の発達した世界では、不幸は気がつかない中に徐々に人間の肉体を侵蝕します。毎日鞭でなぐられて強制労働をさせられれば、誰でも人間が犯されていることにすぐ気がつきます。しかし、たとえば二、三日前の新聞に出ていたことですが、ビニール加工の内職をしている人達が接着剤に神経を犯されて、重症者は歩くことも立つこともできなくなる、などと報ぜられています。接着剤から生ずる揮発性の毒物を吸いこんでいる時にはそれと気がつかず、気がついた時にはすでに犯されてしまっているのです。我々のこんでいる時にはそれと気がつかず、気がついた時にはすでに犯されてしまっているのです。我々の安穏で不幸のない生活はこの種の犠牲の上に成り立っています。我々自身たいていこの種の犠牲者なのです。その内人間は頭がこぶし大になり、身体は針金細工のようになって、冷暖房のととのった室内に、動かずに何でもできるように安楽に住んで、しかも空気も十分に吸えない、といったような「幸福」な生活をするようになるかもしれません。

このように人間性がうばわれていくのと戦うために、私達はどうしても社会を改革する必要があるのです。今の世代に必要なことは不幸に目ざめることです。何が不幸であるかを知っている者は不幸と本当に戦うことのできる者だからです。不幸と戦う者は不幸をつくり出す要因である社会機構という病巣を知って、常に新しい社会へと革命を目ざす者でありましょう。しかし、人間が人間である限り、ついにどこまでも不幸は人間について来るのです。人はかならず死ぬ。これは根源的不幸です。愛する者と離れて生きていかねばならない、という境遇に強いられることもありましょう。人と共に居なければ生きられないのが人間でありながら、人と共に居るが故の悲劇もありましょう。どんな偶然が人の運命をもてあそぶかわからない。ついに人間は人間なのであって、永遠に不幸と戦い続けねばならないのです。人間存在は基本的な無意味さの深淵にさらされている。だからこそ、人間が人間であろうとするためには自らを規定する不幸にめざめて、それを克服しようと永遠につとめるべきではないのでしょうか。そして所詮不幸なのだから改革を拒否するのでなく、所詮不幸なのだからこそ社会の改革へと進むのではないでしょうか。

（一九六八年四月）

〈追記〉ヴェーユは、「神の否定」の項でふれたパヌルー神父の第二回目の説教の立場を実際に生きたような人なので、同じ問題意識の継続として、ヴェーユの不幸についての発言をここでとりあげた。もちろん、実際に生きた、という点で、ヴェーユは、パヌルー神父的な信仰を克服しようとしている。しかしそれは、悲鳴のようにしてしか語られていない。その悲鳴から何を聞きだすかは、聞く者の耳の問題なのだ。この拙文は、多少の表記を直した以外は、原文のままである。改めるとすれば、最後の二つの段落がいかにもとってつけたようにつけ足されている点なので、これでは駄目なのだ。しかしそこのところを書き直せば、まったく新しい文になるので、ここでは、こういうとってつけたようなことでは駄目だ、と指摘するにとどめる。この拙文を批判的にのりこえる方向は、第一章の「逆説…」「秩序への屈従」などで多少示しえたかと思う。

「世俗都市」の拒否
――アメリカ産「革命の神学」のからくり――

今月もまた最近のアメリカ人の著作をとりあげることをお許し下さい。私達の『指』はキリスト教を脱出して行く者として走り続けてきたのですが、今やそれは私達だけの孤立した努力ではなく、アメリカなどにおいてさえもそれに対応する新しい動きが生まれてきているのです。従って時々それに注目しておくのは無益なことではありますまい。アメリカではやり出すとはじめて本気になって考えようとする我国のキリスト教界の人々も、特にこの本の翻訳が昨年末に出版された頃から、いろいろと「世俗化」ということを口にしはじめましたし、その意味でもこの本の主張を検討しておくことは無駄ではありますまい。何しろアメリカでは「神学者」の間だけではなく、「社会学者や都市計画の任にあたっている人々まで」読みはじめて、ちょっとしたベスト・セラーになり、「世俗都市論争」などというものまで生みだすもととなったのですから。しかしまた、こういう風に流行化して参りますと、私達としても同じことを言う仲間が増えた、などとにこにこ笑ってばかりもいられません。キリスト教の非神話化から更にキリスト教の脱出を志す、というのは今やもはやあまりにも当り前なことなのでして、従って、「脱出」を志してさえいれば猫でも杓子でも結構なのだ、などと言っていられる段階はとっくに過ぎてしまっているのです。むしろどういう方向に脱出するのか、ということで厳密な議論を戦わしていかねばなりません。そしてその点でこの本はどうも「革命の神学」だの「世俗化」だのと勇ましいことを言っていますが、基本的な方向でずれているので、こういうものを批判するところから、私達のたどろうとしている道も浮彫りにされようというものです。

この本というのは、ハーヴェイ・コックスという三十九才のアメリカの「実践神学」の教授が書いた『世俗都市――神学的展望における世俗化と都市化』という本です。邦訳で四百頁にも及ぶかなりの大冊ですが、御当人は「学生の夏期集会のために書いた小冊子」と遠慮しています。実際、五、六十頁の小冊子にまとめておいてくれたら、本誌の読者にも昼休みの読書として推薦できる絶好の本なのですが残念です。ともかく着想は非常にすぐれていて刺激されるところの大きい本なのですが、その着想は数十頁に凝縮すれば珠玉のように光る、という性質のもので、論理的にうまくつながらない思いつきで十倍にも水増しされると興味を失うものです。それとも消費文明のアメリカでは紙など無価値に近いから四百頁でも小冊子なのでしょうか。

趣旨は簡単です。サイバネーションによって象徴される発達した現代の都市文明を聖書の名によって認知しよう、という本です。何度も言うようにその着想にある種の正しさはあるのです。現代は都市文明の時代であり、都市化は「人間が共同に生活を営んでゆく様式の中での巨大な変化の本質」であり、その結果伝統的世界観は崩壊し、それに伴って、そのような世界観に依存しているキリスト教的宗教も没落していく、この際、失われていくものを回顧的、ロマンチックに悲しんでいず、むしろ積極的に非宗教化すなわち世俗化を押し進める方が正しい、そしてこの世俗化に対応する高度の都市文明こそかえって人間を本当に人間として解放するものである、というのです。この都市文明を表現するのに、彼はテクノポリスという新造語をつくり出します。片仮名で書くと「かっこいい」かもしれませんが、要するに技術都市ということです。そして彼は文明の発展段階を部族的社会、町的社会、「技術都市」の社会と三段階に分けて考え、キリスト教の中の「部族的」要素や「町的」要素を切って捨てよう、と試みるのです。

しかしこのように見てくると、これはどうも、いつの時代でも欧米社会においてはキリスト教が時代の権威を認知してきたのと同じことを試みているにすぎない、と気がつきます。その認知の歴史は、まずヘレニズム哲学とローマ帝国をキリスト教精神の表現として承認するところから始まりました。それが最後にコンスタンチヌス帝の改宗によって象徴的に完成されたのです。しかしこの時にすでに中世的封建社会への動きがローマ帝国を下からつきくずし始めていました。ですからキリスト教はあわててゲルマン的封建社会を認知し、それを神の秩序と考えようとしたのです。何という見事な世俗化でしょう。そしてその結晶が中世の後期に十字軍というヨーロッパ史最大の汚点の一つとなって現われるのです。しかしこの時から中世は下り坂をたどりはじめました。そして数世紀後にはプロテスタンティズムが資本主義のイデオロギーとして登場してくる。それが典型的に結晶するのが欧米列強の帝国主義的侵略であり、そのお先棒をかつぐことになった欧米宣教師のアジア・アフリカでの活躍です。こうしてキリスト教は、追いかけ追いかけ時代の新しい権威を神の名によって認知してきた。そしていつも認知し終った頃にはすでにやや古くなりかけていたのです。コックスが技術都市によって象徴される現代のアメリカ資本主義社会を最上の讃美をもってほめちぎり、これこそ聖書の使信の成就だと考える時に、私達としては、またかと思わざるをえません。この種の世俗化はいつの時代のキリスト教も試みてきたことであり、今更目新しいことではなく、そしてこの種の世俗化に私達としてはつきあう気持はありません。

いかにこの人が強引に、またちゃちな推論の仕方で、本来無関係な聖書の言葉と現代の機械万能の世俗都市とを結合しているか、二、三例をあげてみましょう。彼は、都市の人間生活に与える性格として、匿名性と流動性という二つの特色を指摘します。そして、匿名性は人間を町的文化（彼は町的と呼んでいますが、村落的といった方が語感としてはふさわしいかもしれません）の束縛から解放して自由にするものであり、流動性は常に新しい可能性を開拓していくものなのだから、これを積極的に承認することが正しい、と申します。この二つの要素をこのような仕方で指摘したところに、確かにこの人の直感的な鋭さがあるのですし、その点に私達としても大いに学ぶべきものがあるのですが、せっかくこのようにすぐれた着眼を持ちながら、匿名性のもたらす解放は、ちょうどパウロが福音を律法からの解放として語ったのと同じことであるし、流動性とは、ヤハウェの神が沙漠の放浪の神であるのに、バアルの神は農耕神であって土地に固着するから、まさに旧約聖書の神信仰の示しているものだ、と結びつけます。このような結びつけによって彼は、匿名性と流動性とは二十世紀の「テクノポリス」においてはじめて可能なことだ、と自ら主張していることに矛盾してしまうのです。何しろそれは三千年以上も前のイスラエルに実現していたことと同じなのだそうですから。逆に、聖書の自由とか流動性の理念をもう少し本気でつきつめていったら、アメリカ的大都市の資本主義的機構をそのまま神の国として承認しよう、などということにはならなかったはずです。実際、匿名性、流動性というのは、近代資本制社会における個人主義的自由の意味での個体の独立の現象なのです。確かにそうすることによって、村落共同体的な規範からは解放されたけれども、それは、人間が一個の名も個性もない労働力商品として扱われるということに基礎をおいた匿名性であり、その限りで人間は交換可能な素材ですから流動的でありうる、ということなのです。近代都市の生活様態のこの特色を、いたずらにロマンチックな回顧趣味から無視してかかろうとするのは、コックスの言うように正しくないにせよ、それを聖書的権威によって認知しようというのでは、どうにもなりません。

もう一つの奇妙な例をあげましょう。彼はこの世俗都市の表現であるプラグマティズムこそ、聖書の「真理《アレーティア》」という単語の意味だ、と言うのです。こうなるともう啞然として私のような聖書学者は口をつぐんでしまいます。何故このように強引な結びつけ方をするかというと、この人にとっては「聖書に書いてある」というのが形式的権威になっていて、それに頼ることによって認知の作業を行なおうとしているからなのです。しかし、形式的権威による認知など、まさに「世俗化」のもたらす自由とは逆ではありませんか。

彼は世俗化の名のもとに形而上学を批判します。そして形而上学的思惟はもはや過去の「町的」文化の遺物にしかすぎない、と断定します。この点では私達も賛成です。形而上学的な概念の操作は多少高尚には見えるけれども所詮遊戯にしかすぎないのです。（もっともこの人は実存主義まで形而上学の名前で葬り去ろうとしているので、どこまで形而上学批判が本気でなされているのかわかりませんけれども。）「(形而上学的な) 存在論者は、もし彼の概念化がすべてのものを絶えず全体の中でそれぞれの場所に固定されなければ、あたかも全宇宙は崩壊してしまうと心配しているのだろうか、と疑いたくなる」とこの人が皮肉まじりに言う時に、それは見事な批判になっています。しかし、形而上学的存在論を斥けることが必然的にプラグマティズムに通じる、と考えるのがこの人の奇妙なところです。形而上学のほかにはアメリカ的プラグマティズムしかない、と思っているのでしょうか。（その結果彼はプラグマティズムでないものには何でも形而上学という名前をつけるのです。）——このように見てくるとこの人の「世俗化」とはアメリカ的実用主義の礼讃にしかすぎないことがわかります。では彼はその実用主義を具体的にどのように把握しているのでしょうか。それは、一つ一つの具体的事柄はそれぞれの専門家のとりくむことなのであり、それらはいずれも一時的な問題なのだが、それを一つ一つ片附けていくことによって人生は片がつく、というのです。このような専門家にとって、「人生とは一組の問題である。」世俗都市とは「いろいろな人間の目的や企画が暫定的、相対的であることを認めあっているから……ただ一つの公に強要された世界観（に統一されること）は許さず、多元的な社会的、政治的制度や機関を要求する。」従って各種の専門家が管理、組織するのが正しく、その管理、組織の一こまであることに安心して身をゆだねるのがスマートな近代的人間のすることであり、このような管理者は「自分が処理できないことは括弧の中に入れ、処理できることに集中する」のだそうです。この最後の引用文に特に御注意下さい。これこそアメリカ的押しつけがましさのオプティミズムの源泉なのです。つまり、自分の出来ないこと、もしくはわからないことには目をつぶるから、わかっていることだけを全部計算機にかけて、それで人間が処理できるのだ、と思いこむのです。しかし実は人間の人間らしさを形成するのはまさにこの処理できない要素、把握しきれない要素なのです。これは決して曖昧な中世的神秘性などというものではないのです。むしろそれは人間が歴史的生物であって常に偶然にさらされ、常に未来をかかえている、というところから生ずる要素なのです。これを無視してしまって、人間はすべていくつか穴のあいた近代的なカードで処理できると考えるものだから（ここで私はアウシュヴィッツやヴェトナムの枯葉作戦を思い出します）、この人は平気で「この世界には本質的に服従させられないような、そして究極的に人間に適応せしめられないような諸力はどこにも存在しない」などと言い切るのです。何という傲岸さ、不遜さ。彼はこうして人間をも人間に服従せしめうると考えるのです。我々はもっと人間に対して謙虚であらねばならない。おまけにこの人は、このようなオプティミズム、人間が完全に人間の手によって管理できるという考えこそ、「聖書的な神の教義だ」というのです。

こうして彼は「革命の神学」などと言いながら、計算機的な諸専門家の手による社会管理という形式的側面だけの強化が「革命」だと思いこみ、その管理の目ざす方向性については何ら反省しないのです。しかしこのような社会管理、人間管理はまさに資本の集中による大企業中心の体制の大衆搾取にほかならないのです。もちろん彼は自分ではそうは言いません。そこまで気がついていないのです。むしろ何か非常に進歩的な姿勢を示していると思いこんでいるのです。しかしこれは擬似的進歩性です。今日革命を口にするからには、まさに大衆の人間性が回復される社会を目標とし、そのためにはまず社会主義革命へと志すことしかないはずです。この人は確かに非常に活動的に黒人の公民権運動を支持し、ヴェトナム反戦を叫んでいます。それは立派です。しかしその道をつらぬいていけば、この種の擬似的進歩性は崩壊して、本当の進歩性に到達したでしょうに。どうしても我慢ならないのは、この種の集中資本による管理体制を聖書の使信、聖書の語る神の国とよぶことです。聖書は近代的管理体制ではなく、古代的支配体制を認知するところから生きのびた書物であり、同時に、それに対する反抗をも中におさめた自己矛盾の書物なのです。

私はこの原稿を書きながら、先日渋谷駅前の新しくできた東京一大きい歩道橋を渡っていた一人の老婆の姿を思い出します。ついこの間までは地面の上をまっすぐ歩けばまたたく間についたところを、大廻りして数十段の階段を上り下りするのです。腰の曲った老婆は一段一段二、三分ずつ休まざるをえません。手すりにつかまって苦しそうに息をつくのです。これが「世俗都市」のもたらす自由なのか。私は腹の底から怒り、その辺を走りまわっている自動車にガソリンをかけて燃してやりたく思って見つめました。――コックス氏は言うでしょう、もっと都市化がすすめば自動車が地下を走るから大丈夫だ、と。しかし彼の支持する管理体制はもっと過酷で、こんな老婆は養老院にひっこんで外に出るな、と答をはじき出す無情な組織なのです。この老婆の怒りをくみとる心は別のところからしか出てきません。それは、はっきりと「世俗都市」に抗うことでしかないはずです。この書物は、進歩的キリスト教徒が、「革命の神学」などということを言い出す時には、まゆにつばをつけて聞いた方がいい、という実例です。

（一九六八年九月）

非暴力主義者のずれ
——M・L・キング崇拝者によせて——

　非暴力抵抗を口にする人の多くは、抵抗ということに強調点があるのではなくて、非暴力ということに強調点があるようです。自分は暴力主義者ではない、非暴力平和主義者だ、ということを売りものにしている人達の多くは、何もしないことの言いわけとしてそれを口にしているにしかすぎないのです。暴力的な体制の弾圧に対して非暴力抵抗運動という時には、強調点は本来「抵抗」の方にあるはずです。何に対して自分が立ち向っているか、という自覚がはっきりしているからです。その場合に非暴力というのは、体制の暴力に対するアンチテーゼとして言われるのですから、抵抗ということと同義語なはずです。いやむしろ、抵抗ということを強調するための形容詞なのです。ところが、非暴力主義というものが、体制に対する反語として言われるのではなく、力を用いた抵抗運動に対する反語として言われる場合、そこからは「抵抗」という言葉がぬけ落ちてしまいます。自分が何に対して立ち向わなければならないか、という自覚がなくなって、ただ非暴力という形容詞を絶対化してしまうのです。非暴力という形容詞が実体を持ちうるのは、体制の暴力に反対する、という方向で語られる時だけです。抵抗運動の意味づけとして、体制に対して抵抗しているのだという自覚の表現として、非暴力という形容詞は形容詞に終らずにすむのです。それに対して、力を用いた抵抗運動に対する反語として非暴力主義が口にされる場合、つまり、抵抗運動を実際には怠っていることの言い訳として非暴力主義が口にされる場合、いったい何のために非暴力を強調しているのだか、わけがわからなくなります。そういう場合にはむしろ、何も言わずに黙っていてくれた方がよいのです。非暴力を口にすることによって、あたかも自分も反体制的な位置にいると思いこみ、しかもその自己錯覚の裏側にかくれて、自分でも意識しないままに、抵抗運動はいけません、抵抗運動は暴力的ですよ、という宣伝を行なって、抵抗運動の足をひっぱり、静穏無事なことが一番いいのだという幻想をふりまくので、その場合は、結局何もしないこと、すなわち体制を変えることなく保持していくことこそが非暴力主義となってしまうのです。その限りにおいては、非暴力ということがそれだけで切り離されて口にされる場合は、まさに体制のイデオロギーとなってしまうのです。

もちろん、かけ値なしに非暴力抵抗運動を展開した人もいます。ガンジーや、最近の例で言えば、M・L・キングなどがそうでしょう。こういう人々は言っていることと行なっていることとが一致していて、その間に距離がない、というべきです。ただし、ガンジーにせよキングにせよ、非暴力ということに敢えて固執した結果、歴史的には、体制を修正しつつ補完する役割しか果せなかったのだ、と私は思います。キングよりもマルコム・Xや、カーマイケルの方が歴史的な正しさを押えている、と思います。——しかしここでは暴力論を展開することが目的ではありません。かなり体制的な限界の中ででではあっても、ともかくM・L・キングは彼なりの抵抗運動を徹底して貫ぬこうとしたからこそ暗殺されたのでしょう。非暴力抵抗運動を貫ぬくことは、暴力に対して素手で立ち向う、ということなのであって、自分は犠牲にならざるをえないから、おそろしく、大変なことだと思います。それに対して我国でキングのことをかつぎまわる人達、特にクリスチャンに多いキングの崇拝者は、実はキングから「抵抗」を取り去って、非暴力だけを残そうとするのです。だから、支配者の暴力のかげにかくれて、自分では暴力は用いないぞ、とえばっているだけなのです。

今、私の大学(国際基督教大学)では強烈な弾圧の嵐が吹き荒れています。そしてその中で、私はこういうことに気がついたのです。普段「非暴力抵抗」を口にしている人達はいざとなると「抵抗」がぬけて「非暴力」だけが残り、普段理論的にはゲバルトを肯定している者達は徹底的な非暴力抵抗運動をも展開しうるのだ、ということです。このように一段ずつ口で言うことと実行することの間に差ができてくる、というのはどういうことでしょうか。実は、一段ずつずれている、というのではなく、問題の水準が違うのです。つまり問題は非暴力か暴力かということではなく、すなわち、実体ぬきの形容詞についての議論が重要なのではなく、抵抗運動をするかそれとも体制を保守する側につくか、ということが問題なのです。そして抵抗運動を深化させていくと、そこでは非暴力という形容詞はたいして意味をなさない、ということがわかってくるのです。反体制運動を本気になってなすほどの人物ならば、好きで暴力をふるうことはないのです。まさに、暴力が支配することに対する抵抗として反体制運動が出てくるのですから。しかも、暴力というものが体制の支配する体質そのものに不可分の要素だということを知っていれば、資本制社会の場合、資本の論理が必然的に暴力をうみ出していくということを知っていれば、完全な非暴力というものはその体制のもとでは存在しえない、ということをも知るはずですし、とすれば、現体制のもとで非暴力主義を主義として口にすることは、きわめて抽象的な観念論にしかすぎず、観念論に身をゆだねてすましていられるということは、現実をつき動かそうとはしていないということであり、それはすなわち、現実を保守することにしかならない、ということを知るはずです。非暴力主義が体制のイデオロギーにしかすぎず、体制の暴力をそのまま見すごしにするのは、それが観念論にすぎないからです。その本質として暴力であるところの体制の支配を批判し、抵抗し、止揚していこうとするならば、その運動自体が一つの力にならねば押しつぶされてしまうのです。そういうことを知りつつ抵抗運動をなす人こそが、現象的には非暴力をも可能な限り貫ぬくことができるのです。

ですから、私の大学の全共闘の学生が今回の弾圧に際して、現象的には非暴力で通したのもよく理解できるのです。もちろんそれは状況にもよりましょう。右翼が皆無に近く、民青もごく少数ですので、大学当局の悪しき希望にもかかわらず学生間の暴力事件はありませんし、全共闘も主として革マル色ですが、何人かはいるほかの系統とも学内闘争に関する限りは実によく一致団結しており、従って内ゲバも起らない。また日常の活動の結果、全共闘自身の力が学生数の割合からいえば、他大学とは比較にならないほど大きく、かつ大衆的な支持もあるので、悲愴感にかられて玉砕主義につっぱしることもない、というわけです。もちろん今のように極端な弾圧が狂気じみた仕方で続いていくと、この先何が起こるかはわかりませんが。そして、現在まで実に徹底した抵抗運動が展開されています。大学当局のキリスト教徒の教授達がひたすら学生の血を見たがっている、としか言えないような仕方で弾圧を強行し（ここでも武田清子をその責任者の一人としてはっきり指摘しておこう）、退学処分の脅迫をかけているにもかかわらず、そういう弾圧体制のもとでの「授業」は認められないと登録拒否をいまだに続けている学生が千百人在学中の四百人はいるのです。

ところが平素、M・L・キングをキリスト教信仰の鑑であるかのように説いてまわっていた大学教会の牧師は、この弾圧体制の中で何をしたでしょうか。キングの姿を思い浮かべるならば、この牧師は今や徹底した抵抗運動の先頭に立つはずだ、と想像したくなります。毎日学生達は学内で抗議デモをやります。それに対して毎日機動隊がおそいかかり、暴行の限りをつくす。どちらが暴力で、どちらが非暴力抵抗であるか、誰の眼にもわかるでしょう。ところがこの牧師さんは、自分の大学の構内で毎日学生達の血が流されているのに、そして同じ大学の構内に住んでいるのに、そういう抗議活動に参加するどころか、現場に顔を出して見ることすらせず、いやそれどころか、学生達に「暴力はやめなさい、暴力をやめないと破滅しますよ」と説いて歩き、抵抗運動をやめて、弾圧体制のもとでおとなしく服従しつつ授業を受けることをすすめているのです。いや、この古屋安雄牧師のようにキングの抵抗運動などをはなばなしく紹介したり、ドイツの教会は「プロテスタンティズム（抵抗運動！）なき宗教改革」であるから、そこからは真の革命は生れない、などとおそろしく勇ましいことを言って批判するような進歩的な牧師ではなくとも、ただおうむのように聖書の言葉を反復しているごく平凡な牧師であっても、自分の教会の門前で無抵抗無防備の学生が次々と血を流し、或いは殴打されて倒れていく時に、身を挺してでも暴行している者達に抗議をするのが、「牧師」という言葉から想像される姿でしょう。それを逆に、大学とは世の中がどういうところか学ぶ場所だ、そして世の中では権力の圧迫が強い時にはそれと妥協して生きていかなければ駄目なのだよ、だから君達もいい加減にして抵抗をやめて、大学当局の言うことを聞きなさいよ……、というのが「非暴力主義」だ、というのでは、非暴力とはまさに体制のイデオロギーだということになりましょう。こういう牧師の言葉と、機動隊の放送車から金属的に響いてくる言葉と、私の耳の中では二重に重なります。「無駄な抵抗はやめなさい。抵抗すると公務執行妨害で逮捕します。」機動隊とて、保身的に権力の前に身をかがめている者、弾圧に協力する者などはなぐったりけったりしないものです。

私は悲しいのです。こういう話を書かねばならないのがあまりに悲しいのです。虚空にむかって声にもならないおめきを、息の続く限り叫びたい。こういう説教をする牧師がもともとビリー・グラハムのような反動色鮮明な牧師なら、私も悲しくは思いますまい。それがなまじ「抵抗」などを口にする人だけに悲しいのです。そして私は悲しさに、自分が何を書こうとしているのか、わからなくなるほどですが、要するに、言葉と行動との乖離がどういう場面で現れるかを指摘したかったのです。

そういう乖離は、今のような大学の状況になると、非常にはっきりしてきます。二年半前の闘争弾圧の時に、最も責任を負うべきは教授会であるのに、その責任は全く不問に付され、学生だけに一方的に責任が問われて六十三名の退学無期停学などの処分が科せられたのは正しくない、ということを相当数の良心的なクリスチャン教師達は、後になってから学生の前で涙を流して自己批判したものです。そしてその涙がまだかわかぬうちに、今やまたまた、今度は数百人もの大量退学処分がなされようとしている時に、それは大学執行部と理事会の責任においてやることだ、教授会は責任をもたない、などと言って自分の手の白さを守ることに必死となり、こそこそ逃げかくれて責任を自分が背負うことをしないのです。彼らはまた再び、弾圧の嵐がすぎ去り、抵抗した者が追放されていなくなったあとで、キリスト教的良心を発揮して、本当は自分達も共に責任をになうべきだったのだ、と自己批判するのでしょう。かつて、学生を処分したのなら、教授会も全員教育の責任をとって自分で自分を処分し、昇給を断わり給料を自主的に一割カットしよう、などと口では良心的に主張していた人達が、再び、もっとひどい弾圧の嵐が吹き荒れると、自分の給料を守ることにのみ恥も外聞もなくしがみつき、他方で、そういう教師達のかつての美しい言葉に感動して今度こそは身を挺して抵抗しようと思って、その結果ついに解雇のおどしがかかり来月からの生活費の心配をしなければならなくなった地位の低い保安室職員や非常勤助手などが輩出してきている時に、その人々と連帯することもなく、結局は弾圧を黙認して自分の地位を守ることに終始しているのです。彼らは、そういう助手や職員が路頭に迷いはじめた時に、また涙を流すのでしょうか。大衆団交の場で、涙を流して自己批判し、弾圧を黙認することは弾圧者となったのと同じことだ、今後はそういうことはしない、と言って学生達から大喝采をあびた教師が、いざその時になると、教師が大学に対して抵抗するのは自己矛盾なので、教師は大学を守るためにこそ働かねばならぬ、などと称して、逆に学生運動の切りくずしにかかるのです。学生はもう教師の涙すら信用しなくなるでしょう。

こういう場所が、なまじ「キリスト教」大学と称しているだけに、私は悲しいのです。非暴力とか教師の「愛情」などと言葉では美しいものが、現実の歴史の厳しさの中では、結局、体制の暴力を「秩序を守る」ために容認するイデオロギーとなってしまうのです。非暴力だけをぬきだして主張する非暴力主義者は、決して非暴力の世界を実現しようとしているのではなく、体制の暴力のかげに身をおいて自分だけは暴力に無関係だと思っている者なのです。

イエスが「隠されたもので顕わにされないものはない」と言った時に、いらいらと思いをたぎらせていたことを私は今理解します。世の中にはあまりにも、美しい覆いでもってかくされ、実体が見えなくされていることが多いのです。それが見えるのは、その下で押しつぶされている人間だけなのです。そして、その人間にとっては隠しようもなく明白な事実が、ちっとも社会的には明白な事実として承認されないでいるのです。そういう時に、我々は断乎憤って、「隠されたもので顕わにされないものはない」と叫び出さざるをえないのです。それは、断乎そうならなければならないはずだ、という要請なのです。それは今のところごまめの歯ぎしりにしかすぎないのかもしれない。けれども隠れたところで歯ぎしりしている者の方にこそ真実があるのです。

それに対して、後のキリスト教徒は、キリストが隠されたものを顕わにさせるしるしなのだ、と考えました。キリストにおいて一切のものが明らかになる、と。こうしてごまめの歯ぎしりがキリスト信仰へと吸収されてしまう。

そうではないのです。M・L・キングをほめるかどうかが問題ではないのです。そういうほめ方は隠されたものを顕わにする行為ではなく、むしろ覆いかくす行為です。キングをほめたければそのほめ言葉の次には、非暴力抵抗を自分のものにするという大変な作業が待っている、ということを知らねばなりません。イエスは隠されたものが顕わにされるような場所をつくり出そうとしたのです。言葉と行動との欺瞞的な乖離が顕わになって、事実のみが言葉となるような場所をつくり出そうとしたのです。その結果殺されたのです。

（一九六九年十二月）

「非合理」ということ

神話が好まれる。しかしこれは場合によっては極めて危険なことなのだ。もちろん私自身古代の神話には興味をおぼえるし、そこには人間というものの詩的たたずまいについて、深い味わいがある。旧約、創世記の神話とか、ギリシア神話、古事記の神話などそれぞれに詩的な味わいがある。倭建命（やまとたけるのみこと）が遠征遠征に疲れはてて、最後に死ぬ時に、「やひろしろちどり」すなわち「やひろ」もある大きな白い千鳥になって、天がけり、浜に向って飛び去って行った、というような話は、何度思い出しても美しい。そこにはひとつの悲しさと、それを美しさに転化して耐えていこうとする気持が、死者が天にのぼっていくという古代的な信仰（かむあがり）と結びついて洗練された表象になっているからである。

こういう美しさが、或いはまた時に、ギリシア神話にあるような（時にはあくどいものであるが）面白さが、現代人に対して、神話に対するそこはかとない郷愁をおぼえさせるのである。けれども問題は、我々がいったい何に対して郷愁をおぼえるのか、ということだ。ここのところを安易に処理してしまうと問題の本質が見落されることになる。何か現代のぎすぎすした、割切ったものの考え方に対して、「神話でなければ表わせないような」もの、「非合理的」なものの世界がそこにある、という程度の説明でもって、神話に対する郷愁を取り扱っていくとすれば、安易にすぎるのではないだろうか。二月十一日問題について、三年前の「建国記念日」制定の当時、小中学校における歴史教育にも関連して議論されたことが多かったが、そういう場合に、平均的な意見としては、神話を歴史として教えるのは正しくないが、神話には神話の世界があるのだから、神話を神話として教えることはむしろ積極的にやってもいいのではないか、ということであった。ここまでは一応正しいのだが――実際、終戦直後我々の世代の者が受けてきた教育においては、記紀はおよそタブー視されていて、歴史の時間に教師はそこを、まるで汚れたものにでもふれるようにして、急いで言及するだけで過ぎて通ったものだが、それも「非科学的」な話である――問題は、神話を神話としてとり扱うとはどういうことか、ということなのだ。この肝心の点について、暗黙のうちに了解があるかの如くに思いこんでいるところに間違いがある。そして、いったん「建国記念日」が制定されてしまうと、もう一般にはこのあたりのことはそれ以上つっこんで考えようとはしない……。

つまり問題は、神話に対する憧憬にことよせて、非合理的なものの存在を無条件に想定し、そこに人間の最も本質的なものがあると考え、合理的なもの、理性的なものをいわば下の方に馬鹿にしてみすえ、それを馬鹿にして居丈高に振舞うことによって、何か存在の高みに達しているかの如くに思いなす雰囲気がある、ということなのだ。右翼にも、また「新左翼」、というよりも評論家的心情的に新左翼を口にする部分にも、現在、そういう雰囲気がただよっている。もちろん、こういう非合理性への傾きはそれなりの理由がある。それは、相変らず根強く我々の生活の中にしみこんでくる近代合理主義に対する本能的な反撥なのだ。しかし本能的な反撥は、もう一度自分の中で意識的にとらえ直されないと、結局のところその問題の根深さに足をすくわれてしまうことになる。いわく、知性なんぞやめてしまえ、感性の世界にひたれ。だが、このようにただずぶずぶに感性の世界に眠りこけようとしてみたところで、「合理性」のもっている問題性を具体的に明らかにしつつ、それを掘り返して転倒していくことはできない。たとえば、「性」について最近あちらこちらで論じられる場合も、そういう傾向がある。「いままでの論理のワクで解決できないような現象がいっぱい出てくるでしょう。そういった場合には論理の曖昧化というか、ワクをゆるめて、むしろ直感とか、感覚とか心情とか、そういうものが力を持ち得る時代」なのであって、だから「女と金の話をぬきにした革命理論というのは信じない」（五木寛之）というような発言になる。この発言も確かに正しいことは正しい。性の解放は私有財産制度に基いた家族制度の秩序を破壊するのであるから、従って、性の解放は革命的である、などと、これまたそれ自体の論理としては正しい「筋の通った」説明をするよりも、もう少し非論理的な、性そのものが論理の枠の中に決しておさまりきることのない現象であるだけに、秩序、体制とうさんくさく結びついた合理性を打破していく突破口の一つが性に求められたからとて不思議はないのだ。しかしその場合でも、性を単に非合理性の表現としてのみ規定していたのでは、いわば合理性の支配する地域から逃げ出す隠れ家を求めているにすぎないことになってしまう。

一月のはじめに、笠原芳光さんの司会で、京都のＮＨＫで上田正昭氏という日本古代史の専門家と「宗教と神話」という題で座談会をした。この上田という人は面白い人で、記紀神話の研究の専門家だが（春に岩波新書でその出版をなさる由）、この上田氏が「政治的神話」と「本来の神話」をわけて考える、というところから話が始まった。もちろんこの場合、政治的神話というのは、天皇制擁護のために利用され、もしくはつくられる神話、或いはそれに類するもの、ということである。それに対して本来の神話とはそういう政治的目的とは関わりがなく、民衆の生活に根づいたものであって、いわば初心のようなものを表現している、という。こういう本来の神話をこそ評価すべきではないのか、という話だった。この場合、「政治」という語の定義をもう一度考え直してみる必要があると思うのだが、それは別として、私は上田氏のこの話を手がかりにして、それを自分の問題にひきよせて考えてみた。そこでこういう問題が出てきたのである。すなわち、「本来の神話」をそういう意味で評価するのは大いに賛成なのだが、しかし、それは神話が神話であるからなのか、それともその神話が民衆の生きた生活に根づいて語られているからなのか、ということである。こう問うからには私としては後者の見方をとる。神話は何ものかを表現しているのであるし、我々にとって意味があるのは、その何ものかであるので、神話という形式そのものではないのだから。もっとも、この「何ものか」を平板化して説明してはならない。先にあげた例で言えば、倭建命が死んだ時に白い千鳥になって飛び去っていった、というのは、死者が天にのぼっていくという「かむあがり」の信仰の表現だ、と規定しきってしまったのでは間違いである。確かにこの神話的表現は「かむあがり」の信仰を表現している。しかしそれだけのことを言いたいのなら、一言、「倭建命はかむあがり致しました」と言えばよいので、白い千鳥が出てくる必要はない。「かむあがり」と言い切ったのでは表現しきれない何ものかを白千鳥の表象が示しているのである。——そういう意味で、神話とは一つの言葉、一つの表現なのだ。表現は表現自体として意義があるのではなく、それが表現している事実との関わりにおいて意味をもつ。

だから、神話は合理性に対する非合理性として意味をもつ、というのではなく、そもそも合理に対する非合理という水準で考えられるべきことではなく、何らかの事実を、しかも日常的発想とはやや異なった一つの面からとらえて表現している、という限りで意味をもつのだ。一つの面からとらえて表現している、という限りにおいて、神話とは一種のイデオロギーである。イデオロギーだから悪いというのではない。むしろ積極的にそういうものの担っている意味の方向をくみとっていくべきなのだ。今日の我々の思想的ないとなみにしたところで、千年もたてば、一つの神話的表現とみなされるようになるだろう。

だから、合理主義に反撥するあまり、やたらと反知性主義をふりまいてみても、どうにもならないのだ。「だから」と言ったのは、何となく非合理の世界に属すると思われている神話にしたところで、一種の知的表現である、ということは認めるべきだ、と思うからである。事実を知覚してそれを言葉として表現していこうとする、それが知性なのだ。知性とは言葉の領域のことだ。もちろん知性は人間の多くのいとなみの中の一つにしかすぎない。そして多くのいとなみの中の一つであってはじめて意味を持ちうる。その表現する事実と対応してはじめて知性は意味をもつ。だから、知性が事実を離れて観念論におちいった時に、もう一度事実そのものを指摘し直す必要があろう。いやそもそも、知性が一つの事実を的確にとらえて表現している場合でも、それとは別の事実が沢山あるということを指摘する必要があろう。けれどもそれを指摘する言葉も、知性のいとなみなのだ。近代合理主義の克服はもちろん行動的になされなければならない。けれども、その行動は言葉を排除するものである必要はないのだ。むしろ、近代合理主義を克服した地点での新しい言葉が語られねばならないのだ。知性とは合理主義の枠内のことにしかすぎない、と思いなして、合理主義と共に知的いとなみの一切をも葬ってしまうのでは、その「非合理主義」は合理主義の裏返しにしかすぎなくなる。

本来、革命的な運動はこういう意味で新しい知性の創造を常に伴なうべきものである。マルクシズムは近代合理主義を乗り越えた地平にあるはずのものなのだ。ところが、教科書的マルクス主義者達が、およそ合理主義を乗り越えていないから、そもそもその問題意識もないから、日本の一般民衆には、社会主義とか革命とかがいかにも陳腐にみみっちく、魅力のないものに思えるのだ。たとえば向坂逸郎が二年ほど前に岩波新書で出した『資本論入門』という本がある。難しい専門書ではうまくとりつくろえても、こういう通俗本ではかえって露骨に本音の出るものだ。「資本主義の社会は、人間が、自分自身のつくり出した人間的産物に対して、自分達の支配力を失なっている」、すなわち、「生産物が生産者を逆に支配している。」人間は自由でなく、資本の論理に支配されている……、とこここまでは誰でも言えるのだ。問題はその先にある。向坂は、「計画社会（＝社会主義社会）では、中央計画機関が、適当に社会の総労働を全社会に配分する」という。彼によればこういう社会は天国のようにすばらしいところらしいのだ。資本主義のもとでは資本の論理という非人間的な法則が働いて人間を制約するのだが、社会主義社会では「中央計画機関」が「人間の意識的計画機関」として正しく配分を行なう、と。だが待ってくれ。それでは結局、意識的計画的に振舞えるのは、人間的に振舞えるのは、中央計画機関を司る奴だけではないか。我々庶民は、資本の力に動かされる将棋の駒であることから、中央の偉いお役人に動かされる碁石に変るだけだ。何が人間的なものか。意識的計画に生きるのは支配官僚だけ、いや「スターリン」だけになる。――ほんの二年前に、こういう本しか「社会主義」の理論的指導者が書けないから、日本社会党は没落したのだ。

この陳腐さは、合理主義におぼれているところからくる。つまり中央計画機関に属するひとにぎりの人間が、他のすべての人間の存在から生ずる諸問題を十分に包摂する仕方で「計画」をたてられる、というあまりに楽観的な夢なのである。つまり、合理主義とは、その計算の上にのってくる限定された諸要素のみをもって、事柄を把握しきれる、処理しきれる、とするところにある。そういう意味での科学的精神とは、捨象の精神である。すなわち、あらかじめ設定された方程式にかけうる要素のみを拾いあげてきて、他の要素を捨象することによって、論理的思考をなりたたせる方法なのだ。もちろんこういう方法はある限られた局面においては多少有効であるが、それは常に犠牲を伴う有効性なのだ。従って、こういう合理性自体を、本質的には、根底からくつがえしていく必要があるので、たとえば、「現在の社会主義はまだ十分に合理的ではないだけの話であって、より一層合理性を徹底させればよい」というようなことではないのだ。

以上をおわかりいただけるとすれば、合理性に対して単に否定の契機として非合理性を対置しただけでは（それは一応それなりの意味があることだが）十分でなく、むしろ合理性に欠如しているものをつくことによって、合理性自体を止揚していく必要があるのだ。すなわち、合理性が捨象している事実を回復させる必要があるので、合理性対非合理性という対置の水準にとどまらず、合理性に対して事実の重みを指摘していくことによって、合理性が止揚されるのである。（一九七〇年三月）

根づき

――シモーヌ・ヴェーユの原点論――

滝沢克己「原点論」を論じたことに続けて、もう少し原点の思想を検討してみようと思う。シモーヌ・ヴェーユという人も、原点の思想の一つの型を代表する。表題にかかげた「根づき」という語は、ヴェーユの著書の表題である。これは彼女としてはごく僅かの著書の一つである。すなわち、今日数多く出版されているヴェーユの文章は、ほとんどすべて、書き残したノートの類とか、手紙などを編集したものであるのだが、「根づき」はもともと作品として発表することを意図して書かれたものである。そしてこの作品は、彼女の死の直前に、すなわち一九四二年末から四三年にかけて書かれている。ロンドンの自由フランス政府の活動に参加して、「解放後のフランスの未来についての立案」を命じられ、そのために書いたのがこの書物であるが、「立案」という程度をはるかに越えて、いわばそれまでの彼女の生涯で問題としてきた一切のことの総決算という形で、人間の問題についてまとめて論じている。従ってこの書物が彼女の思想をもっともよく代表する、とみなしてさしつかえない。――ついでながら、十一月末から書き始められ、四月末には衰弱はなはだしく入院、八月二十四日に死亡という肉体的条件のもとで、これだけの書物を書きえた気力には、今や彼女の死の年と同じ三十四才にある私にとって、驚異の的である。もっともそれだけに、作品としては未完成、未整理であって、彼女の他の「作品」にはより多く見られる冗長さ、鋭いひらめきと凡庸なせりふの混在が、この代表作にもかなり見られるのはいなめない。――この代表作の表題が「根づき」とつけられていることが、彼女が原点の思想家の一人であることをよく示している。原点とは根にほかならない。そして根づきとは、根がぬかれた状態に対する状態、しっかりと原点に根をおろした状態である。人間の根本的なたたずまいを――私自身はそれを表現する言葉をもたないのだが――根づきという表現で示すことのできるヴェーユは、人間存在を支える根、原点、を常に考えている思想家なのであって、従って彼女の思想が、我々が滝沢「原点論」に関して検討した原点の思想の長所と短所をどのようにあわせもっているか、もしくはいないかを検討せねばならない。

およそ原点の思想というものは、滝沢「原点論」に関しても多少展開しておいたように（拙著『批判的主体の形成』）「原点」が常に問いかけとして、答であるよりも問題として、設定されている限りは、極めてすぐれた役割を果すのであるが、そうではない場合、すなわちすべてがそこに還元されるように確乎とした根拠というようなものが考えられる場合、何か、安心してそこにもどっていけるような判断の「根底的な」基準が求められる場合、必ず観念論的なわなにおちいり、現実から目をそらして、特定の観念によってすべてを平面的に割切ってすますことになる。そこでヴェーユの場合、彼女が「根づき」という時に、何か特定の観念を人間存在の根として設定しているかどうかが問われなければばならない。そうだとすれば、彼女は、少くとも思想家としては、俗流の原点の思想家にすぎなかったのだ、ということになる。ところが面白いことに、ヴェーユは根づきという表現で人間の根源的な状態をとらえ、逆に、人間疎外の状況を根がぬかれていること、根こぎ、という表現でとらえていながら、いったい何が人間の根であり、根づきとは具体的にどういう状態なのか、ということはおよそ定義していないのである。

「根づくということは、おそらく人間の魂のもっとも重要な要求であると同時に、もっとも無視されている要求である。これはまた、定義することがもっとも困難な要求の一つである。」つまり彼女は、人間の魂の重要な要求を思いつくままにいくつか論じていく。秩序、自由、服従、平等、などである。――その中に、安全と並んで危険性という項目があるのが面白い。「危険性は魂の重要な要求の一つである。危険性が欠如することによって一種の倦怠が生じる。こういう倦怠は恐怖とは違った仕方ではあるが、それと同じ程度に人間を硬直させるものである……」というわけだ。このように彼女は、何か特定の観念を固定化させて、それを原理として人間の生活を体系的に把握していこうというのではなく、いろいろな要求の複雑なからみあいとして人間をとらえているのである。そこに彼女の人間理解が、特に社会的な問題の中で人間を論じていく場合に、きわめて生き生きとしたものになる理由がある。もっとも彼女の場合、そういう人間理解がいわば直観的に強烈に展開されるのであって、少し理論的に反省しはじめると、真理、善、美という俗流哲学の理念が幅をきかしはじめ、そこにさらに神秘主義への憧憬が加わるから、かなり奇妙なことになるのであるが、にもかかわらず、それが陳腐におちいることを救って、人間への痛烈な問いかけをなしえているのは、やはり彼女の人間理解が現実に根ざしているからである。このことは、後に述べるように、彼女が真理という概念に洞察を加えていく時にも、はっきり現われる。

さて、話をもとにもどして、ヴェーユはこの本の中で、秩序、自由、服従、責任、平等、安全、危険性、等々について、それぞれ短く一頁から二、三頁ずつ論じたあとで、いわばこれらについて論じるのは序論にしかすぎない、といった体裁で、その次に「根こぎ」という章をもうけて、根こぎとはどういうことかを詳しく論じていくのである。その章の冒頭に先ほど引用した文が出てくるのだが、「定義することがもっとも難しいものの一つ」と言いつつ、一応、根づきとはどういうことかを説明しはじめる。「人間が根をもつのは、何らかの過去の遺産や何らかの未来の予感を生き生きと保っているような集団の存在に、自分も現実に、行動的に、かつおのずと、参加する場合である。おのずと参加する、というのはつまり、場所、生れ、職業、環境などによっておのずとそこに参加することである。それぞれの人間がいくつもの根をもつ必要がある。自分が自然に加わっている諸環境を介して、誰もが自分の道徳的知的霊的生活のほとんどすべてを受けとる必要があるのである。」(傍点は私)

こう書いてくると、ヴェーユは根づきということで、人間が自分の生きている社会環境に根をおろす、ということを表現していることがわかる。その社会環境の中に無理なく定着していることである。そして誰もがいろいろと異なった社会環境に同時に関わって生きているのであるから、(家族、地域社会、職業からくる社会環境、民族など)、従って、「いくつもの根をもつ必要がある」のである。社会環境に定着する、などという風に言いかえると、現代の心理学や特に教育学においてそういうことを考えているのと同じ意味に受けとられるおそれがあるが、そういうことではない。心理学や教育学というものは、原則として、明瞭に体制的な学問であって（他の学問諸領域よりもきわだってそうである）、現状の社会環境を肯定的に固定して、そこに各個人がどのように順応していくかを考えるものであるが、ヴェーユの場合、根づきというのはそういうことではない。というのは第一に、右の引用文からわかるように、各人は自らその社会環境の一部となって存在している、ということがはっきり認識されているからである（右に、「自分が自然に加わっている諸環境」と訳したのは、直訳すれば、「自分が自然にその一部をなしている諸環境」である）。つまり、社会環境なるものが、その構成員から切離されて、外側に独立に客体化されて存在するものとしてとらえられているのではなく、自分自身が否応もなくそれを構成する一部分として存在していながら、しかもその社会環境に根づいていない、ということなのだ。だから、単にその社会環境の中に自分のいるべき場所を確保する、というだけのことではなく、その一部分でありながら、しかもそこから疎外されている、ということなのだ。そこで、根を持たない状態、根こぎというものは、単に各個人の社会環境に対する姿勢の欠陥に由来するのではなく、むしろ、社会環境自体の方側に、その構成員が根づくことを妨げる要因がある。社会構造自体がそこに住む者の根を断ち切っていくように作用するのである。それがまた、ヴェーユにおける「根づき」が単なる社会環境への適応ということではない第二の理由である。右に引用した文のあと、ヴェーユは「根こぎ」という章を三つにわけ、労働者における根こぎ、農民における根こぎ、根こぎと国民という三つの問題を扱っているが、その中、労働者の根こぎの根本的な理由として、金銭と教育とをあげている。ここで金銭というのは、ヴェーユは多くの場合だれにでも、いわゆる教養のない人達にもわかるように、なるべく日常的な語のみを用いて書こうとするので（それがかえってヴェーユの文章をわかり難くしていることでもある）、要するに経済的な関係のことである。「完全に、しかも永続的に金銭にしばられている社会階級がある。賃金労働者である。……根こぎの病が最も強くあらわれているのはこの階級である。」この場合明瞭に、プロレタリアートが社会の中に存在するその存在の規定自体が、従って自分では直接にはどうすることもできない自分の社会的な規定が、根づくことを妨げている、ということなのだ。「彼らは工場の中にいても、自分の住居にいても、彼らのためにつくられたと言われている党や労働組合の中にいても、娯楽の場所にいても、あるいは、知的文化を身につけようと努力してみたとして、その知的文化の中にいても、自らのところをえていない。」そこで第二の根こぎの理由として、教育があげられる。つまり、現状の知的文化そのものが、それを身につける者を逆にむしろ現実から遊離するようにしむけているのであって、特にそのような仕方で知的文化への接近を司っているのが、「今日考えられているような教育」なのである。そのような知的文化の伝統と、その伝統の原因でもあり結果でもある教育との中に、それぞれの人がおのずとおかれてしまっているのである。従ってこの場合も、文化的な意味での根こぎは、既存の文化にふれることができない状態、もしくは十分にはふれることができない状態というのではなく、むしろ、その文化をいくら身につけてみても、それでもって根づいたことにはならない、ということなのだ。その文化自体の中に根こぎの原因がある。

さて、ヴェーユという人は、決して、今ここで私が彼女の思想を敷衍しているような仕方では、思想を論理的に整備して提供するようなことはしない人だ。ここでは、彼女の発言の含んでいる含蓄を私なりに整理して発展させているのである。多くの人は、ここで「根こぎ」という表現でヴェーユが言おうとしていることは、すでに初期マルクスが疎外という概念で十分に展開していることではないか、と言うかもしれない。そうには違いない。そしてそうであってちっともかまわない。同じ真理を違う人が多少ずつ表現を変えながら語ることは、決して悪いことではないのだ。だがまた、ヴェーユがここで、「根づき」「根こぎ」という表現にたくしてそのことを語っている、ということが意味のあることなのだ。一つの表現を選びとる、ということがそれ自体として創造的な行為となることがあるのだ。それにまた、彼女がマルクス以後のマルクシズムがつくり出している思想的状況の中で発言している、ということも見落としてはならない。「革命という同じ名のもとに、またしばしば同じ合言葉や宣伝文句のもとに、二つの徹底的に相反する概念が隠されている。一つは、社会を変革して、労働者がそこでは根を持つことができるようにすることであり、一つは、労働者が蒙っている根こぎの病を社会全体に拡張しようとすることである。第二の操作が第一のものの序曲になることもあるのだ、などと言ったり思ったりしてはならない。それは間違いである。これは相反する二つの方向であって、決して結びつくことはない。」この一文だけでも、ヴェーユの存在価値はある。そして彼女が根づきという語で何を意味しようとしているのか、この一文がよく示してくれる。

以上述べてきたように、人間が自分の社会環境に、言葉の正しい意味で定着すること、いわば、その中で生き生きと生きることが根づきである。だから社会環境は根を持つ場所であって、根そのものではない。しかし、それでは根とは何なのか、という風に問うべきではない。根づきとは、社会環境に対して然るべく関わっている状態を呼ぶ表現であって、何か、人間の根源たるものをしっかりと持った、ということではない。根を持つこと、という表現が、「根」と「持つこと」を別々に切り離して（フランス語ではこの単語はそもそも一単語で、そのように切り離しえないが）、根とは何であるか、持つこととは何であるか、などという風に考えられるのではなく、根を持つことという語が全体として象徴的に人間のある状態を表現しているのである。これが状態の表現である、ということは、はじめに引用した「根づき」を定義した文で、「集団の存在に現実に、行動的に、かつおのずと参加する」としていることからもわかる。彼女がここで、「現実に、行動的に」と言っていることの内容を確定する必要がある。

このことを彼女が、それでは根こぎにされてしまった民衆をどのようにして根づかせるか、ということを論じている最後の、この書物の最も重要な部分から見ていこう。

根こぎの最も大きな原因の一つは、外国人による征服である、という。この書物ははじめに述べたように、一九四三年に、独軍支配下のフランスの解放を近い将来にのぞみつつ、その解放後のフランスの建設のためのプログラムを記したものである。そのプログラムとして「根づき」の要請を書きえた、というところを大いに評価せねばならない。もちろん実際には戦後のフランスはそういう仕方で再建されたのではないのだが。——さて、この根づきの要請を記した章を、彼女はいささか唐突な文章で書きはじめる。「一つの国民に霊感を吹きこむ方法、という問題はまったく新しい問題である。」つまり、根づきということが、先に述べたように、状態の表現であるとするならば、その状態がどのようにして可能になるのか、という方法が問われねばならない。もちろんそのためには、具体的な社会組織、生産関係や所有関係の変革が必要である。ヴェーユも実際、「労働者の根こぎ」や「農民の根こぎ」を論じたところで、かなり細かくその問題にふれている。けれどもそこのところはあまり彼女らしい特色が出ていないので、ここで紹介することはしない。ただ彼女の場合、そういう問題を論じていても、常に文化的な根づきもあわせ考え、「人間の魂にとって本質的に必要なもの」を問い続けている。——ここではもう少し、彼女が霊感と呼ぶところのものを追求してみよう。つまり根づきを実現していくための原動力として「霊感」なるものが考えられているのである。根づきということが状態の表現であるとすれば、むしろいわゆる原点にあたるものは、彼女が、「原動力」という語で表現しているものであろう。霊感というと古めかしいが、これはむしろ訳し方の問題で、ヴェーユはこの語を定義して、「霊感とは、多数の局面にわたる構成に不可欠な高度の注意力を可能ならしめる魂の諸能力の緊張」と言っている。平たく言えば、常に真理に肉薄しうる魂の動き、ということであろう。「《真理の霊》と普通訳される表現は、真理のエネルギー、活動する力としての真理という意味である。」ここで、「活動する真理」と呼ばれるものこそ、ヴェーユの原動力であり、原点である。真理というものを、何か客体的に、動かぬものとして固定するのではなく、活動する力としてとらえるところに正しさがある。もっとも彼女がそうするには、真理という理念を実体化して神秘主義的憧憬の対象としているからでもあるのだが、（彼女のプラトン好きはそこからくる。また、彼女がヨハネ福音書の「我は真理なり」という句を好むのも同じ理由である）、それだけに彼女は、神秘主義的宗教がその神秘主義的覆いにもかかわらず半ば本能的に発見し、保ち続けていた認識、すなわち、真理というものは客体的に固定化してとらえるべきものではなく、真理自体が活動する力である、ということを正しく、鮮烈にとらえている。では真理とは何か。彼女が「真理への愛」という表現にちなんで述べている次の一文が、彼女の「真理」把握をよく示している。「真理への愛というのは適切な表現ではない。真理は愛の対象ではない。真理とはそもそも対象ではないのだ。人が愛する対象は、何か存在するもの、何か人が考えるものであって、それを愛することによって、そのものは真理や誤謬のきっかけとなる。具体的な一つの真理とは、常に、存在する何かあるものについての真理である。真理は現実在の輝きである。愛の対象は真理ではなく、現実在である。真理を欲するということは、現実在との直接のふれあいを欲することである。そして、現実在とのふれあいを欲するということは、それを愛することである。人が真理を欲するのは、真理の中において愛そうとする場合に限る。人は、自分が愛するものについての真理を知ろうと欲するのである。だから、真理への愛というかわりに、愛の中に存在する真理の霊、という方がよい。」

この一文についてこれ以上蛇足の説明をする必要はあるまい。ヴェーユにおいて、真理とは絶対者なる神の表現であり、彼岸とかかわる原点なのであるが、それが決して真理自体として切り離されないで、「真理とは現実在の輝きである」として、つまり、常に現実の的確な表現としてのみ真理を考える、というところに彼女の正しさがある。現実在（我々という人間の事実）との直接のふれあいにおいてしか真理はないのであって、いわばそこに彼女は原点をすえるのである。そして、真理というべきいわば認識上の原理を、愛という行動上の原理に同一視していくところに、活動する力としての真理、ということが言えるのである。

以上のような真理理解をもとにして、根づきとは、「……集団の存在に、自分も現実に、行動的に、かつおのずと参加する場合」という定義が理解できる。

（一九七〇年五月）

宗教的かかえこみ
——精神的聖域を撃て——

I

言わく言い難いものが人間の中にあるのですよ、それを、あなたの宗教批判は、そんなものはみんな観念にしかすぎない、と言って粉砕しようとする、たしかに、観念的な宗教信仰なぞはいくら粉砕してもかまいませんよ、いや、その方がいい、そういうものを支配者が体制的なイデオロギーとして利用するのだから、そういうものは粉砕してしまった方がいいですよ、あなたのおっしゃるようにですけれどもね、人間の中には言わく言い難い部分があるのですよ、それが人間の中で一番大切な部分なので、それによって人間は生きているのですよ、それこそが本当の宗教というものなので、観念的な宗教を否定したいばっかりに、本当の宗教までつぶしてしまってはいけませんよ。そうすることによって、あなたは、素朴な民衆が一番大切にしようとしているものまでうばい去ろうとする……。

私に対するこういう批判が時々、直接にまた間接に、耳にはいってきます。そのたびに何ともやりきれない気がいたします。しかも、それがたとえば、『批判的主体の形成』その他で私が展開した宗教批判には賛成なのだが、しかし、私のように批判だけしていては駄目なのだ、などという形で言われると、ますますやりきれない気がいたします。反対したければ正面から反対して対決すればいいのに、半分ぐらいは賛成しておいて、賛成することによっていかにもこっちの言っていることは、私以上にわかったような顔をして、ああよしよし、もうわかったからおとなしくしていな、という調子で——それが一番いやなのです。私の言おうとしていることをまったく矮小化してとらえて、わかったようなつもりになっているのですから。——しかも自分の精神的聖域には絶対に手をふれることをしないで、そしてそこをかかえこむことで自分の方が人生をわかったようなつもりになっている。冗談を言っちゃいけませんよ、あなたは、御自分の言うところの「言わく言い難い部分」が私にはわかっていない、とお考えなのかもしれませんけれどもね、そして、御自分の方がよほど大人であるかのような顔をなさって、お前がお前の明晰な論理で主張していることは、それは正しいのだろうけれども、それだけが人間のすべてでだ、などと思ったら間違いだよ、などと説教なさいますが、それではその「言わく言い難いもの」とはどういうものなんですか、と私がたずねると、御自分の方だけはそれを隠し持っておいて、言わく言い難いものを人に説明することはできませんよ、などと開き直るくせに、私に対しては、私が表現しえている部分だけが私の考えていることのすべてであるかの如くに勝手にきめつけてしまうなんて、おかしいじゃないですか。あなたみたいに「言わく言い難いもの」がよくおわかりの方が、私の中にだって表現されていない部分が山ほどある、といった程度のことがおわかりにならないなんて、おかしいじゃないですか。だいたいあなたは「言わく言い難いもの」についてばかり言いたがっているようですけれども、私の方は、本当に言わく言い難い部分は言えない、と思っているから、その部分については直接にはものを言わずに黙っているだけですよ、とからかいたくもなります。しかし、それはまあともかくとして、こういう考え方にこそ、我々がまさに宗教批判の対象として追求していかねばならないものがある、ということを明らかにしておかねばならない、と思うのです。

第一に、こういう批判をする人々は、我々に対して、我々のなしている宗教批判は観念的な宗教に対してのみあてはまるのであって、「本当の宗教」にはあてはまらない、などと言いつつ、一方ではいかにも批判的な鋭さを持って我々の宗教批判に同調するようなつもりになりながら、他方では結局、自分の中にある宗教意識をかかえこもうとしているにすぎないのです。こういう半分わかったような理屈のからくりこそが批判的に追求されねばなりません。つまり、我々が観念的な宗教性として批判しているのは、まさにこういう人々が「本当の宗教」として神棚にまつりあげている部分をこそ批判しているのですから、真向から意見として対立しなければならないはずです。そしてまたそうであってはじめて、真剣な討論もできるはずです。ついでながら言っておくと、このことはくどいほど今までも言っているのですが、いくら言っても同じような反響がもどって来るから、もう一度言っておきますが、我々は何も、観念的なものはいけない、と言っているのではないのです。人間は観念なしには生きられないし、むしろ、豊富な観念世界を持っていてこそ人間らしいのです。問題は、観念を現実ととり違えるところにあるのです。もしくは、観念的所産を人間の生を支える根底であるかの如くに思いなすところにあるのです。我々に対して右のような批判をあびせる人々が、我々が観念的なものはそれ自体としてすでに悪いと主張しているかの如く受けとってしまって、それでそれに半分賛成したりするのは、我々の言葉が下手なせいもあるでしょうが、その主たる原因は、この人々がはじめからそういう前提をもっていて、我々が何かを主張すると、すぐに自分の前提にひきよせて理解したと思いなすからにほかなりません。

こういう前提を持つと、どのような結果になるでしょうか。そういう人は、観念的なものはそれ自体としてすでに駄目だと思っているのですが、それに対して、自分自身は駄目だとは思いませんから、自分は観念的なものを離れて生きている、と思いなすことになります。その結果、自分が曖昧なままかかえている諸観念を、これは観念ではないので、本当の宗教なのだ、などと言い出すことになるのです。だから宗教は困るのです。自分のかかえているものを直視するのを妨げるからです。

こんなことはすでに、赤岩栄が「共産党入党宣言」前後に、「本当のキリスト教」をかつぎあげることによって、何とかマルクス主義の宗教批判を避けようとした時に、もはや底が割れてしまっていたのです。その当時の赤岩栄は、何とかこれでやっていける、と思っていたのですが、やがて、それではその「本当のキリスト教」を本気になって問いつめようとした時に、一つくずれ、二つくずれして、ついにそれは空中の楼閣にしかすぎなかった、ということに気がついたではありませんか。もっともそれは長い過程であり、第一次『指』の十六年間はそのために費やされたのです。はじめのうちは、一つくずせばすむ、と思っていたものが、一つくずれればますますその先に空洞は広がっていき、ついに、一つの石の上に他の石がのっていることもないような状態にまで、完全崩壊してしまったのです。その完全崩壊を自分でやりとげたところに、赤岩栄という人が実に誠実な人だった、ということが知られるのですが、だからと言って、我々が同じことをもう一度やり直す必要はない、というものです。

もう少していねいに説明すると、赤岩栄は戦後に共産党に接近するよりもよほど前から同じような思想構造を持っていたのです。一九三一年に「マルクス主義とキリスト教」という文章を発表しているのですが（現在の『福音と世界』の前身の前身とでもいえる『福音と現代』誌同年四、六月号）、この時期の赤岩栄はカルヴィニスト的高倉徳太郎の心酔者だったので、これはその視点に立って、キリスト教をマルクス主義に対して弁証しようとしたものです。ここで彼は、

「唯物史観的把握は、キリスト教の相対的な可変的制度の推移、及び経済的特殊事情によって制約されたキリスト教の死せる死骸のみを理解する。けれども、キリスト教の実在基礎としての神の言は、贖罪的聖霊意識に於いてのみ理解し得るものであって、かくの如き事実の把握は、唯物史観の理解を絶した事柄に属している」（四月号二六頁）

と言います。つまり、唯物史観の言うことはそれなりに正しいけれども、それは、キリスト教の外面的に駄目な部分にふれているだけであって、キリスト教のキリスト教たるところ、つまり「神の言」は、それによってびくともしないのだ、ということです。こういう類の護教論を口にする人が、その「外面的に駄目な部分」を本気になって駄目な部分とみなし、その部分だけでも変革しよう、と努力することはめったにないのですが、それについてはここでは論じません。赤岩栄の場合は、その

駄目な部分だけはきちんと変革しよう、と真面目にとりくんだところ、事は決して外面的な表皮の問題に終らず、キリスト教全体の本質的な問題なのだ、ということに気がついたのですが、それはまあ後の話です。この文のどこが間違っているかを説明する必要は多分ありますまいが、念のために言っておくと、マルクス主義が問題にしているのは、決して「可変的制度の推移」や「経済的特殊事情によって制約された」外皮だけなのではないので、彼らの「神の言」の理念も含めてキリスト教全体を問題にしているのです。

さて、赤岩栄はそれから二十年たった一九五一年の五月になっても（『理想』五月号）、あれだけキリスト教とマルクス主義の問題についてすったもんだ議論したあとであるにもかかわらず、二十年前からおよそ進歩していない議論をくり返しています。赤岩栄は変り身が早いなどと言われますが、決してそうではないので、それはキリスト教を否定していく最後の一時期のことです（もっともその時は、変り身の早さ、などという気楽なことではなかったのですが）。つまりここで彼は、「マルクス主義が痛快なまでに批判したキリスト教の神観念なるものは、結局、……キリスト教の相貌をまとった中世的世界観に過ぎず、また、近代ブルジョワジイの倫理的原理にすぎない」とし、そういう「キリスト教世界観やキリスト教原理」に対して、「キリスト教そのもの」を区別するべきだ、と主張いたします。「キリスト教そのもの」は決してマルクス主義にはふれることはできないのだ、というわけです。そして、「キリスト教世界観や原理」の仮面をはぎとって、「キリスト教そのもの」を残すのが正しい、ということになるのですが、そうだとすればむしろマルクス主義の宗教批判は歓迎すべきであって、「マルクスは、こうしたキリスト教の代用品の仮面を剝いでみせてくれただけではないであろうか。そう考える時、キリスト教にとって、共産主義の出現は摂理であると言ってもよい」などとやにさがって、マルクスや共産主義をも神様のふところにひきずりこもうといたします。そして、マルクスの宗教批判をそのまま歓迎するような顔をしながら、とどのつまり、「キリストにおいて神を信じつつ生きる」ということを「新しい」!? 本当のキリスト教として確保しようとするのです(著作集第五巻三五三頁以下)。こういう結論にもどって来るのならば、マルクスの宗教批判について幾万言語ろうとも、何も語らないのと同じようなものです。

二十年前との相違は、こちらの方がマルクス主義に対して心情的には親近感を示している、というだけです。二十年前は、だから共産主義を退ける、という結論を出していたのに対し、この時の赤岩は、だからキリスト教とマルクス主義は協力しましょう、という結論を出している、という点は別にして、基礎的には何も変っていないのです。だからここで彼がマルクス主義と協力すると言うのは、選挙の時に共産党を応援する、という以上には出ないのです——まあ、一九五〇年前後のことだから、やむをえませんが。こういうところで語られる「共産主義」、キリスト教の外皮にしかふれることがないとみなされる「共産主義」は、結局、政治主義的に解釈された共産主義の虚像にしかすぎないのです。

こういう発想からするキリスト教護教論は、たとえてみれば、次のようなものです。

人から、あなたの身体の様子はおかしい、どこか病気ではないのですか、と言われたのに対して、あの人の指摘は、私の上着の色のことを言っているにすぎないので、上着の色は健康には関係がありませんから、今度あの人に会う時には、上着をとりかえて行くことにして、私は健康ですよ、と言うことにしましょう、と考えるとしたらどうでしょうか。こんなとんちんかんなことはありますまい。もしもその人の指摘を本気になって聞くとすれば、自分の身体を検討してみて、いえ、あなたの指摘は間違っているので、私は病気ではありません、と言うか、それとも、なるほど実際に病気でした、と言うか、どちらかしかないはずです。

もっとも、こういう比喩を言うとすぐ誤解されるからつけ足しておきますが、この比喩の場合は、病気と上着の色は関係がないのだけれども、キリスト教の場合は、その「本質」とされる部分と、「外皮」とみなされる部分が実際には複雑にからみあっているので、キリスト教全体を問題にする以外には問題にしようがないのです。

赤岩栄についてはこのぐらいでやめておきましょう。彼について論じるのがここの本題ではありませんので。要するに、今から二十年以上も前の赤岩の「共産党入党宣言」にまつわる議論を批判的に克服していれば、今時、はじめに紹介したような「言わく言い難いもの」にこだわる宗教意識にしがみつくようなことはありえないはずだ、ということです。

必要なことは、マルクスの宗教批判は、ここで「真の」キリスト教と区別された「キリスト教の代用品」を問題にしているのではなく、都合の悪い部分は、とかげがしっぽを切り捨てるように、切り捨て切り捨てして逃げこんでいく「真のキリスト教」なるものをこそ「阿片」として追求していたのだ、ということを知っておくことです。そういう、「真のキリスト教」なるものこそ、観念的な逆立ちなのです。歴史的にさまざまの形で現象しているキリスト教を、それは間違ったキリスト教なので、真のキリスト教はそのようなところにはない、と言う場合には、結局、歴史的な場から遊離した、実際には存在しないものを理念的に設定して、そこに逃げこもうとしていることになるわけですから、これでは、文字通りの意味で観念的疎外である、と言わざるをえません。だから、当時の赤岩の思想的な本質からすれば、本当は、マルクスと真向から対決しなければならなかったはずなのです。それを生半可に避けたから、一方ではマルクスを政治主義的に矮小化し、他方では自分の思想の本性に目ざめることができなかったのです。そしてこういう形で「キリスト教」を確保してみたものの、何年もたたないうちにその「キリスト教」のうさんくささに自らおびやかされざるをえなくなって、ついにはキリスト教脱出にいたらざるをえなかった、ということなのです。

しかし、最初に描写したような宗教者は、昔の赤岩栄の護教論の亡霊を、最近の赤岩のキリスト教批判に対して答えるために復活させようとするのです。すなわち彼は、赤岩はキリスト教脱出をとなえているけれども、そのように脱出できるキリスト教は脱出してしまった方がよいので、そうではないもの、言わく言い難い部分こそが真の宗教性として残るのだ、と主張しはじめるのです。これでは、何度くり返しても同じことなので、赤岩の挫折から何の教訓もひきだしていない、ということは明らかですが、それはさておき、こういう宗教好みの論者に対する第二の、そして中心的な批判は、彼らが「言わく言い難い」と称している部分にこそ向けられるべきです。

私とて、人間の生の現実の中に言わく言い難い部分が存在する、ということをまでも否定するつもりはありません。いえ、そういう部分は頭の中で否定しようと思っても否定しきれるはずはないのです。問題は、その部分に対して、「言わく言い難い」という感覚、つまり直接的な表現では表現しきれない、という感覚がどのようにして生じるか、ということです。その問をあくことなく追求する姿勢があれば、この「言わく言い難い」という感情は、実は、多種多様な理由に基いて生じてくるものなのだ、ということがわかるはずです。間違いは、それを「言わく言い難い」部分などと称して、ひとまとめにしてかかえこむ操作にあるのです。ここでは、その多種多様な理由について総合的に分析することはしませんが――だいたいそれは、一つや二つの文章で解明しきれることではないので、思想的ないとなみが常に持続的にかかえていくべき課題なのです。そして、その課題の追求が、宗教批判から現代批判へといたる道程を省略せずに踏む作業になると思うのですが――ごくかいつまんで、項目別に列挙してみようと思います。

一つは言語表現の問題です。これは、こういうことを言う人達が案外本気になって取り組みえていないことなのです。というよりも、ほとんど気がついてもいないことなのです。つまり、直接的な言語表現では覆い得ない生の現実がある、ということです。そんなことは誰にでもわかっている、などと気軽に片づけないで下さい。そのわかっているはずのことが、なかなか誰にも問題にしきれずにいるのですから。直接的な言語表現では覆い切れない生の現実がある、という事実は誰にでもわかっているとしても、どういう部分がどのような仕方で言語化しきれないのか、ということを、言語の本質的な機能に即して分析していく、ということが必要なのです。そういう試みは、近頃はさすがに、かなりな数の人々が手をつけはじめているのですが、ここでは、その試みをなすことなしに、いきなり「言わく言い難い部分」などと言ってみても、それは言語表現の限界に対するいらだちの感覚的な表現にとどまるものだ、とのみ言っておきましょうか。こういう方向での言語論の追求は、一口で言えば、言語の限界がどこにあるかを明確に、そして常に指摘し続ける作業であり、そしてそのように指摘するからとて言語表現を生み出す努力を投げ捨ててしまうのではなく、むしろ、自らの中で自らの限界を指摘し続ける言語表現、つまり反言語的な、というよりむしろ言語批判的な言語表現を絶えず生み出していく作業になるはずです。これについてはあとでまたもどって来るとして、ここではとりあえず、そういう作業を省略してしまって、言語化しきれない部分をまとめて「宗教」に還元してみたところで、まさに宗教的な観念性への疎外にほかならない、とだけ指摘しておきましょう。

次に、近代的な問題として主として出てくることですが、観念的な領域の区別けの細分化に伴う影の部分の意識として、「言わく言い難い」という感覚が生じるのです。これは、近代的な専門化現象とも関連してくることですが、たとえば、法律的な発想からくる観念空間が一つ独自領域としてかかえこまれる、政治的な観念空間がかかえこまれる、経済的な観念空間がかかえこまれる、美的な言語もしくは表現手段による観念空間がかかえこまれる、等々のあとに、そのようにしてかかえこまれなかった部分が必ず残らざるをえなくなるのは当然です。近代市民社会の生活はどうしてもそのようにして細分化してくる観念空間の中に吸いあげられるような構造を持っているのですが、同時にもちろん、生きている人間がそのような観念空間の中に切りきざまれて吸収されて、それですむわけはないので、どのように説明されようと、自分の生はこういうのとは違う、という感覚が必ず残るものです。これらの諸観念空間は、いわば積極的に切り出されてそれぞれの場に設定されていくものですから、とりあえず正の観念空間と呼ぶことができるとすれば、残された部分はいわば負の部分、影の部分とでも呼ぶことができましょう。そしてこの影の部分がまとめて名前をつけられると、たとえば「宗教性」というようなことになるのです。つまり、負の観念空間がかかえこまれた、とでも申しましょうか。しかしたとえそれが負の観念空間であっても、観念的疎外であることには変りないのです。ここで追求されなければならないことは、本当は、政治領域、経済領域、法的な領域、美的な領域等々がそれぞれ独立の領域としてかかえこまれることが問題なので、そういう構造を全体としてどのようにしてつきくずしていくかが課題となるはずなのですが、つまり、そのようにしてかこいこまれる諸観念空間を、それと基礎的な現実との接点を探しながら、その接点を突破口としてつきくずしていくことがなされなければならないので、そういう問題意識のうずく出発点として、負の部分が存在する、ということが言われなければならないのに、そういうことをしないで、残された負の部分があるからとて、それをそれで一まとめにしてもうひとつ別の観念空間にかこいこみ、それに宗教性と名前をつけてわかったようなつもりになるのでは、正の諸観念空間がそれぞれ独立して閉鎖的にかかえこまれてしまう構造を固定化することにしかならないのです。負の部分の存在は、それが負の部分として残されることに対する痛みとしてとらえられるべきなのに、それを独立した負の領域としてかかえこんでしまったのでは、駄目なのです。

とりあえず結論をつければ、「言わく言い難い」ものが人間には多く事実として存在しているのですが、それをまとめて、「言わく言い難いもの」と名づけて、そういうものに身をもたせかけていったのでは、自分の感性的な欠如意識をまとめて宗教的に疎外して、そこに甘えて逃げこむことにしかならない、ということです。

Ⅱ

前項で終りの方はいささかかいつまんで書きすぎているので、そこで書きたかったことをもう少し詳しく展開し直してみます。

その前に一つだけ横道にはいっておきますと、——もっとも、この話の前後関係からは横道だ、というだけなので、事柄としては本質的な事柄なのですが——前項の話のはじめのところで、宗教的かかえこみに居直る人のものの言い方を一つの類型化した言い方としてまとめて書いてみたのですが、そういう人の場合には、たいてい、「素朴な民衆が一番大切にしているもの」こそ自分が本当の宗教と呼ぼうとしているものなのだ、と、奇妙な民衆べったり主義をさらけ出すものです。こういうものの言い方の背後には、自分は民衆の心を代表しているのだ、というような意識がひそんでいるものですが、その類の意識は唾棄すべきものです。民衆の代表というものは、本来はありえないので、代表になってしまったらすでに民衆の中の無名の一人ではありえない、ということなのですが、そのように民衆存在の本質に関わる問題としてではなくとも、こういう言い方をする人の場合、「民衆の心」なるものを正しさの標準にして寄りかかっているのであって、自分のことを自分のこととして言い切っていくだけの批判的主体が確立されていないものだから、自分のことを言いたいのに、民衆一般の名前を借りてしまうのです。そしてそのコンプレックスの裏返しとして、あたかも自分が「民衆」の保護者であるかの如くに思いなすのです。慈善団体のマダムよろしく、といった次第です。

この種の保護者意識を持った人間には、時としては、まったくの抽象理念としてしか「民衆」が出てこず、それはサロン的なおしゃべりでしかない、といった調子のものが多いのですが、それは論外です。しかし、時としては、たいていの人々よりもよほど多くいわゆる底辺の民衆の生活を知っているものです。前者のおしゃべりも問題ですが、後者の「民衆的」知識人の方が、説得力があるだけに、困る、と思うのです。つまり、民衆の素朴さなるものをほめあげるのですが、その素朴さは実は前項で述べたような意味での宗教的かかえこみでしかない素朴さにすぎないのです。そしてこのようにほめあげることによって、民衆をかかえってその「素朴さ」の中に閉じこめようとしてしまうのです。しかしこれでは、とじこめられた「民衆」こそいい迷惑だ、と言わねばなりますまい。これこそ民衆が一番大切にしているものだ、などと言って、宗教的疎外の中に民衆をとじこめようとしているのです。これではむしろ民衆を愚弄しているものだとしか申せますまい。この種の「民衆」通の知識人に対して、生活している民衆は、その人が自分達のことをよく知っているので、知りあいに対して親しみをいだくように大きな親近感をいだくのですが、しかし同時に、その人に対して近親憎悪的な憎しみをかかえてしまうものだ、ということはよく認識しておく必要があると思います。つまり、搾取されつつ労働している人間にとっては、自分の生活の中に沢山かかえこんでいる「いわく言い難い」部分は、それがそのままで良いと思えるような部分なのではなく、一方では、確かにそれは自分の存在の本質にかかわってくるような部分でありながら、いやむしろ、そうであるからこそ、このままでは駄目なのだ、と、いらだち、憤りをもってしか思うことのできないような部分であるのです。それは単に、表現することができない部分だ、というだけではなく、表現しても仕方がないような部分でもあるのです。いや、表現することが苦痛であるような部分でもあるのです。それを、「いわく言い難い」部分が人間にとってもっとも大切なのだ、とほめそやされれば、それはむしろ暴露趣味にも近くなります。黙って耐えるだけでも大変なことが人間にはあるものです。「民衆」通の知識人に対して近親憎悪的にならざるをえない理由は、彼が好んで書きたてる民衆の生活の描写が実態に近ければ近いほど、その部分に対してみずから持たざるをえない民衆の自己憎悪が事情通の彼に対して近親憎悪的に向けられる、ということなのです。一口で言えば、「民衆」通の知識人は、「いわく言い難い」部分を肯定的にしか評価しないけれども、搾取されつつ労働している人間にとっては、それは自己の内部のものである故に、痛みとなって存在するから、何らかの意味で克服の対象となるのです。

生活している民衆の現実から出発しなければ、あらゆる前衛的な運動は空しい、というのは事実です。しかしそれは、民衆の現実を「原点」と定めて、現実の疎外された状況を固定してしまうことではなく、民衆が自ら何を否定しうるか、ということであるはずです。

以上述べたことから、いわゆる「知識人と民衆」の問題、さらにそれに伴って、言語の本質の問題に話が展開されていくべきなのですが、それはまた別の機会に展開し直すとして、もう一つだけつけ加えておくと、前項でも少しふれたことですが、言語の問題についてものを言っていく場合の基本的な視点として、言語というものはその本性において抽象化する作用を持つものですから、つまり、現実の相当部分を捨象することによってはじめて言語的表象がなりたつのですから、言語の問題を論じていく場合には、必ず、言語によっては表現しきれない人間の事実の存在を頭におかねばならない、というのは当然のことです。けれどもそのことに気がついただけで、もう言語の問題がわかったようなつもりになり、直接的な言語表現によっては表現できないものがある、ということだけを鬼の首でもとったようにふりまわしてばかりいるのも、言語文化に対して単純な信頼をいだいている合理主義者をただ裏返しにしただけの反言語主義者になりかねません。その場合、一方では、言語をひとまとめにして馬鹿にしてしまうから、逆に——そういう人間も当然、言語を離れて生きることはできないし、むしろ言語によって意識を支配される部分は大きいので——そういう反言語主義者の方がかえって、言語の皮相性をあげつらい、他人の言語表現の直接性を馬鹿にしながら、馬鹿にするものだから本気になって言語表現について反省することもせず、結局、存在している表現にずぶずぶにひたりきってしまう、という皮肉な結果になるものですし、他方で、言語によって表現しきれない部分、つまり例の「言わく言い難い」ですが、そういう部分が存在する、ということばかりを得意気にしゃべりちらすことになります。これは滑稽なおしゃべりなので、比喩的に言えば、自分は沈黙しているのですよ、と一所懸命しゃべって歩く、といったようなものです。存在しているものは言語によって直接的に表現しうるものだけだ、と思いこんでいる陽気なおしゃべりが単純馬鹿であるとするならば、「言わく言い難い部分」があるということをしゃべってばかりいるのは裏返しの馬鹿だ、ということになりましょうか。そしてそのどちらの場合も、言語現象によってほとんど無意識に支えられている自分の発想のイデオロギー的性格にほとんど切りこめないでいる、というわけです。

必要なことは、言えない部分がある、ということを一所懸命言う、ということではないので——もちろんそれもたまには必要ですが、そればかりくり返していると、最も現実的な、具体的なものであるはずの「言えない部分」が、「言えない部分」という抽象名詞によってかかえこまれてしまうので——むしろ、言える部分を言っていく時に、その言葉に現れない部分を沈黙の中にどこまで重く意識しつつ、言える部分をその限界を意識しつつ言っていくか、ということが重要なのです。

横道と言いながら書きはじめたことがずい分長くなってしまいましたが、ここで本論にもどります。前項の最後のところで、「負の観念空間」が宗教性としてかかえこまれる、と申しましたが、そのところをもう少し詳しく述べてみます。近代人は分裂した意識をかかえて生きているのです。本当は近代人だけでなく、未来のことはともあれ、少くとも過去から現在にいたるまでのすべての人類は、それぞれの仕方で分裂した意識をかかえて生きてきた、と言った方が正しいでしょうが、近代人の場合は、その分裂が顕著に目立つ程度に大きく、かつまた、独特の仕方で固定されている、ということです。ブルジョワ的な倫理学者などでさえも、勤め人の「社員」としての意識とマイホームの父親としての意識と、まったく分裂した二重人格、いやさらに三重、四重の人格として現代の平均的な人間は生きているのだ、などということは指摘してくれます。現象としては、まったくそうには違いないので、要するに、近代社会においては、人はいろいろな役割を演じて生きている、演じて、というよりも、いろいろな役割を生きている、と表現した方がよいでしょうか。工員、それもさらに細別されて、フライス工であったり、文選工であったり、あるいはまた、経理課員であったり、営業であったり、秘書であったり、時には教員であったり、というわけです。そして、同じ人間が一つの役割だけですむわけはないので、ある職種の労働者であると同時に、父親であり、夫であり、恋人であり、「レジャー」を楽しむ人であり、等々、ブルジョワ新聞の頁が政治欄、経済欄、社会欄、家庭欄、文化欄などに分割されているのに対応するだけの異なった顔を一人一人が同時に、面をつけかえるように、とりかえひきかえ持っている。近頃はこれに「市民欄」というやつをつけ加えておきましょうか。——「公害」が市民欄つまり地方版のみの主題である限りは、権力は安心して公害を放置しておけるでしょうけれども……。ともかく、人間はこのように「役割」に分裂してしまうと、もはや個性を持ち、名前を持った人間ではなくなるので、一律に番号がつけられるだけの存在になってしまいます。駅の切符売りの男が何野誰兵衛でもかまわないので、名無しの切符売りである限りは、自動販売機に代替される可能性は常にあるわけです。資本制社会においては人間は常に機械によって代置される傾向があるので、それは同時に、人間がますます機械の役割を演じなければならない、ということでもあり、これが「合理化」というものの大きな特徴なのです。だから資本制社会においては、「合理化」がその基本的な傾向であり続けるのですが、それはまた、今や、労働の場に限られなくなってきて、「レジャー産業」なるアメリカ語的片仮名産業が成立するのも、「レジャー」なるものを受けとる側が、名無しの旅行者、馬券買い、釣人の役割を演じているだけだからです。碁会所で碁を打ったとて、相手は誰でもいいので「初段」でありさえすればよく、ディスカバジャパンだか、エックだか何だか、旅行者までもが風来坊ではなくって、一枚のクーポン券に収斂されてしまう、というわけです。

さて、この程度のところまでは、何も『指』になんぞ書かなくとも、ブル新の社会学者やら心理学者やら文学者やらが書きなぐる道徳的お説教にだって結構出てくる認識なのですが、問題はこの連中の説教のように、こういう分裂した人格を我々はかかえているのですが、それをどうやってそれぞれが心がけて克服して生きましょうか、なんぞということではないはずです。個々人の倫理的な意識操作なんぞでこの分裂が克服できるはずもないので——もしもその意識操作をそれぞれが本気になって実行しようとすれば、それぞれが「社員」である自己も、「マイホーム」の一員である自己も否定してかからざるをえなくなるはずなのです。もちろん、そのことの即自的な否定そのものに意味があるのではないのですが、いったんはそのことの直接的な否定をくぐらなければ、分裂した自己を倫理的に回復することなどできるはずもないのです。そして、その否定を本気になってやろうとすれば、いやでも社会秩序の外に何ほどかはみ出してしまって、秩序からくらう復讐に耐えつつ反逆していく、ということになってしまうので、よほど自分で覚悟していなければ、安直にこんな説教はできないはずです。家出に思想的な意味をみとめて、家出のすすめを語る評論家には、家出人がなめる辛酸はわかりません。それでも、一人で家出しても事の社会的根底は動かない、とわかっていても、家出せざるをえない状況に追いつめられて家出する人間の方が、家出の思想を家を手放すことなく語る人間よりは、よほど確かです。

それはともあれ、必要なことは、こういう人格の分裂が、どのようにして生じるか、という土台の構造を知ることです。短く言ってしまえば、こういう人格の分裂なるものは、人格を心理主義的に把握するならばともかく、本当は生身の人間が分裂している、などというものでは決してないので、むしろ、個人の意識が細分化され、その細分化された意識のそれぞれが閉鎖的に閉じられたいくつもの観念空間の中に分裂して吸収される、ということなのです。——この場合も、相変らず、観念は現実と関係のない無力な抽象物だ、などと思わないで下さい。観念は存在している現実から切り出されてくるので、だから、諸個人の意識を通じて諸個人の行動にはねかえるのですから。——生きている個人が諸観念空間の中に切りきざまれて吸収される、と前項で書いたのは、たとえばそういうようなことです。つまり、「父親」である、とか、「社員」である、とか、その他様々の役割は、意識の問題なのです。本当は、同じ人間は常に父親であり、父親でありつつ、同時に労働しているのであり、父親であることと労働することとが別のことであるはずもないのですが、しかも、実際の生活の場では、そうもいかず、「父親」である場と、「社員」である場がまったく違う場に設定され、同一の人間が違う場にいるとまったく別の人間のようになってしまうのです。つまり、いろいろな場が分割して設定されると、人は、自分の意識をそれぞれの場にあわせて分割して切りととのえてしまうのです。こうして諸観念空間がばらばらに成立いたします。しかし、これが意識の問題であるからとて、各個人の意識操作で解決されるわけには参りません。意識の問題は、意識を規定している根深い実在の領域から突かれなければならないので、意識の問題を意識の領域だけで解決するわけにはまいりません。しかし、知っておかなければならないのは、これらの諸観念空間は決して本来それぞれ独立した存在領域ではないのだ、ということです。それがそのようにされてしまう理由がどこにあるのか。この根本問題は諸個人の倫理的努力などによって解決できるものでなく、本質的には、人間の労働が現代社会において設定されているされ方、つまり社会関係の基礎的構造から追求されなければならない、ということなのです。

さて、我々はその中で、宗教的かかえこみの問題をさらについていくことにします。宗教的かかえこみの問題とは、これらの諸観念空間に分裂していった残りの部分の意識、従ってととのった範疇ではうまく表現しきれない部分、つまり言わく言い難い部分、前項で「負の観念空間」と呼んだ部分が、「言わく言い難い」部分として一まとめにしてかかえこまれるとするならば、このように諸観念空間に分裂する現象そのものを転倒させようとする認識と行動は生まれてこない、ということなのです。何故なら残された部分を残された部分として一まとめにくくるとすれば、残された部分が残されてしまったという事実を肯定、容認、承認してしまうことになるので、つまり、それらの部分を捨て残してそれぞれ独立した観念空間として出て行った部分を、それぞれ独立の範疇として承認してしまう、ということになるのです。

たとえば、人間の心的な働きを、知性と感性とに分けたとします。そのように分ければ必ず、知性とも感性とも呼びえない部分が残るにきまっているのです。そうすると、その残った部分に何と名前をつけるかで、ある人はそれに本能と名づけるかもしれないし、ある人は、それに霊性と名づけるかもしれないし、ある人は学者ぶってそれに何か横文字の記号をつけるかもしれません。しかし、すぐおわかりのように、本当は、残された部分を一まとめにして名前をつけることが重要なのではなく、人間の全体的な活動を知性とか感性とか部分を分けて囲いこむから、その他の部分が残ってしまうので、本当は、人間の全体をあくまでも全体として見ていくのでなければいけません。残された部分にまとめて名前をつける、という行為は、知性と感性とに主たる部分をまず分けて独立させてしまうことを承認することになるのです。

私は何も、知性と感性に分けてものを考えるのはいけない、と言っているのではありません。それはあくまでも便宜的な分け方にすぎない、ということです。知性と感性というような問題ならば、どなたもすぐそういうことはおわかりになると思いますが、それが人間の全体的ないとなみになると、どうしても、残された部分を「宗教」と名づけてかかえこみたくなる人が多いのです。経済、政治、社会、技術、芸術、等々に分けて囲いこみ、最後の残りに宗教と名づけたくなるらしいのです。宗教を人間の根本と考える人も、宗教はまあ多分必要だろうね、といった程度に考える人も。しかし、もう一度言っておきますが、問題は、残された部分が残るような観念諸領域の分割かかえこみなのであって、残された部分だけをまとめて拾い直して名前をつけることではないのです。

そして、こういう宗教的なかかえこみに居直る連中は、政治的な意見表明としてはどのような進歩性を見せようとしても、結局、慈善家的意識以上に出ることはなく、ブルジョワ的秩序の保存を心がけてしまうのです。ブルジョワ的秩序は、諸観念空間の分割を保つことによって、市民の秩序意識を維持しているのですから。しかし、残された部分の存在が重要なのではなく、その部分が残されることが問題なのです。分裂した人格を寄せ集めてきて統治することが必要なのではなく、人格の分裂と思える現象を生ぜしめる基礎構造を撃たねばならないのです。

Ⅲ

生きている諸個人が諸観念空間の中に切りきざまれて吸収される、そして、これらの諸観念空間に分裂していった残りの部分の意識が一まとめにしてかかえこまれるとすると、それが宗教意識になる、というのが、今まで述べてきた「宗教的かかえこみ」ということの趣旨です。

もっとも、これは近代的な宗教意識の特色だと思います。資本制社会の進展に伴って、分業が極度に進み、細分化して参ります。そのことと、個々人の意識が細分化し、抽象的な観念諸空間に分裂する、ということとは当然対応するわけです。古代人や中世人の場合には、宗教意識は意識の全領域を覆うものでした。従って、古代中世と近代との間で、同じ宗教的な表象（キリスト教の場合ならば、

「神」とか「キリスト」とか「信仰」とか「救済」といったような表象）が継続して用いられていたとしても、それらの表象によって表現され、またそれらの表象を用いて操作される宗教意識のあり様は、社会の基本的な変化に応じて、変化しているわけです。そういうことを理解していないと、表象の一貫性、表象が変化せずに一定していること、を、実体の一貫性ととり違えてしまうのです。このことは、すべての観念の批判に際して、注意しておくべきことです。たとえば、キリスト教信仰は二千年間一貫して変らない、といったことについて、何が変らないのか、ということが注意して見られねばなりません。たとえば、神なら神について、創造者、絶対者、救済者というような表象は古代から現代までのキリスト教に一貫していることです。しかし、後述するように、その神の表象が人間の意識に対して果している役割は、古代と現代との間でずい分違うのです。神の表象に関して本質的なことは、神が創造者、唯一の絶対者、等々である、という宗教理念的な規定ではなく、それが人間の意識に対して果す役割なのです。まったく同じ言葉で表現されていても、古代の神と現代の神は同じ神ではありません。おかれた場が違うからです。

もしもマルクス主義からする宗教批判を、その唯物論的な視角を唯心論の単純裏返しとしての物質主義的「唯物論」と勘違いしてしまって、個々の宗教的な表象、もしくはその結合形態である一つの宗教的な観念体系（たとえばキリスト教信仰）が直ちに、直対応的に、その社会の基礎的な下部構造の反映である、と算術的な批判をなすものと受け取ってしまうとすれば、それに対しては、キリスト教信仰に固執する側から、いとも簡単に反論を提示しうるのです。もしも神信仰の表象がその社会の下部構造から直接につくられるのならば、どうして古代奴隷制社会も中世封建社会も近代資本制社会も同じ神の表象を保っていることがあろうか、と反論されてしまうのです。我々キリスト教徒は社会の変化にもかかわらず、一貫して同じ信仰を保ち続けているではないか、という反論が、この種の「唯物論」的な宗教批判を一撃のもとにたたきふせてしまうのです。そして、もしも話がこれだけのことであるとすれば、こういう宗教批判なんぞよりも、キリスト教信仰の一貫性にしがみついている方が、少くとも論理的な整合性という見地からは正しいのです。そこのところを安直に考えるから、たとえば、平田清明のように、キリスト教の唯一絶対神の理念を近代資本制社会の所産として説明して平気でいられるのです。

もちろん、本当のところは、この程度のことで本質的な宗教批判になっていると思いこんでいるところの「唯物論」者も、こういう生半可な批判を叩いたぐらいでマルクス主義からする宗教批判に反撃しえたと思いこんでいるキリスト教徒も、どちらも、その共通する前提のところで、およそ間違ってしまっているのです。一定の閉ざされた観念体系の中での意味、という点から見れば、キリスト教の「信仰告白」は顕わになった形では二世紀以来、十分に整理されていない段階も含めれば一世紀末以来、同じ告白が継続しているのです。その「意味」は決して各時代の社会構造の直接の反映というわけではありません。けれども、この場合の「意味」とは、一定の閉ざされた観念体系の中での意味、ということであって、そういう一つの観念体系が人間の全社会的な構造およびその構造に規定されつつ動く諸個人の意識構造全体の中でしめる意味とは、別問題なのです。「神」という理念が、「キリスト」「聖霊」「教会」といった同種の諸理念との、そしてそれらと並べられる限りでの「人間」や「社会」という理念との相関関係の中で持ちえている意味と、人間の歴史的社会的な構造全体の中で持ち得ている意味とは、およそ違うものだ、ということはすぐおわかりになると思います。

つまり前者の場合は、「キリスト」や「聖霊」と並べられて三位一体のなかの一位としての「父なる神」が神である、などと語られ、それに対応して、キリストは神の子であり、まことの神にしてまことの人である、なんぞと説明されます。息子の方の神様が「まことの人」である役割をになったので、その結果、父親の方の神は人間から断乎離れて、「絶対他者」になるわけです。両者あわせて一つの神、というのだから、話としてはうまくできています。そして、「教会」とは、この神に対応する限りでの信仰者の集団であり（だから、「教会」は決して単に信仰を持っている人間の社会的集団である、などとは説明されず、神に召された限りでの、神の意志が根源的に示されている限りでの信仰者の「共同体」だ、というわけです）、「人間」は神の絶対に対する「相対」「有限」であり、「社会」は神の彼岸に対する人間の「此の世」である、というわけです。これらの説明は、これら宗教的諸概念相互の間の（ここでは「人間」も「社会」も「歴史」も宗教的概念です）意味関係なのであって、それは、必ずしも社会関係の土台から直接反映的につくり出されるのではなく（そうである場合もありますが）、前時代から伝統として継承された諸宗教概念相互の間の意味関係として、前時代の宗教家達がつくり、宗教的観念世界とのやりとりの中で、保っていくものです。そして、神なら神という宗教的観念が持っている歴史的社会的な意味は、右のような水準での説明をいくら並べても説明されるものではなく、また、右のような水準での宗教的諸理念の歴史（教理史なるもの）をいくら調べても、わかるはずのものでもないのです。それは、こういう説明の水準全体が、その歴史社会固有の思想性の構造の中で、どのように設定されているか、ということなのです。神観念の歴史的社会的意味とは、何故、それぞれの歴史社会の構造の中で、人々が神観念にしがみつくのか、ということです。その意味は「神」と「キリスト」との、またその前におかれた「社会」との関係をいくら説明してみてもわかるものではないのです。

小さい例を一つあげれば、「キリスト」がまことの神にしてまことの人である、というせりふの助詞一つでも間違えれば生命がなくなりかねなかった時代と、そんなせりふを正確に言いまわすことは牧師資格を取得する試験においてしか意味をなさなくなっている社会とでは、同じ「まことの神にしてまことの人」というせりふでも、全然意味は違う、ということです。あるいは、幼児洗礼はおかしいので、大人に再洗礼をほどこすかどうか、ということの議論にしたところで、その宗教的意味づけは同じでも、現代においては、まあ暇な変人にまかせておけ、ということにしかなりませんが、時代によっては革命的な意味を持ちえたのです。宗教的表象が連続しているからとて、本質的な（つまり歴史的社会的な）意味が連続しているとは限りません。そして、こういう個々の例についてだけでなく、全体にわたって同じことが考えられねばなりません。

以上申してまいりましたように、同じ「意味」という言葉がこのように構造上異なった段階で用いられている、ということに気がつかないと、言語における意味の問題を論じていく場合にも、かなり混乱した間違いを犯すことになり、それがまた、現代の意味論の混乱の一つの原因であると思われるのですが、そのことはまた言語の問題を近いうちに詳しく追求する時に論じ直すことにします。（右に論じた意味の問題は、狭義の言語における意味の問題ではないのですが、しかし、言語の問題は、意味の問題を論じ出す時に言語固有の領域から外にふみ出さざるをえなくなります。逆にまた、言語固有の領域と思われている部分も、意味の問題から再検討されることによって、言語固有の問題ということではすまなくなります。）

この問題に短く結論をつけておくとすれば、一つの宗教的な表象がその観念水準において持っている意味が基礎的な社会的構造の土台によって直接的に規定されている、というのではなく、むしろ、その表象が人間の全体的な活動の中で果している役割が土台に対応する、ということです。「役割」というと何か枝葉の問題のように聞こえるかもしれませんが、そうではないので、人間の全体的な活動の中で果している役割こそが、その事柄の本質であるのです。

以上で、これまで私が宗教的かかえこみということで問題にしてきた事柄は、なかんずく近代社会における宗教意識の特色だ、ということはおわかりいただけたと思うのです。従ってまたこれは、本来的に宗教が持っている特色だというのではなく、近代的な意識構造の特色なのですから、必ずしも宗教的よそおいをもって現れるわけではないのです。たとえば「生きがい」という言葉、「人生論」などが一つの流行現象として時々出てくる、というのも本質的に同じ問題です。あるいは、一昔前の実存主義の流行現象も根は同じです。特に実存主義がマルクス主義と対比して語られる場合がそうです。この場合のマルクス主義とは、科学主義的に矮小化されたものですけれども、従ってこれはまた近代的な客観主義の亜流なのですが、客観的な事実と称されるものが羅列され、図式的に整理され、それが存在のすべてであるかの如く頑強に言われてくると、当然のことながら、存在している現実の多くの部分がそこからこぼれ落ちてしまうのです。こうしてこぼれ落ちた現実に眼をつけていこう、というのですから、実存主義が広く説得力をもって歓迎されたのも当然です。しかし実存主義の場合、これをまた「実存」、主体的な実存、主体性、といったものの中に包括的に吸収してしまうのです。何でもかでも、近代主義的な科学主義でとらえきれない部分を、主体性というルツボの中に投げこんでしまう。こうなると「主体性」というのは極めて曖昧な概念になってしまうのです。この曖昧さは、「客観的」事実ということで言われる客観性の概念そのものが、実は極めて宙に浮いた概念である、ということによって規定されているのです。宙に浮いた「客観的」学問性によって取り残された部分を、まとめて「主体性」の問題と名づけてしまうから、「客観性」が宙に浮いている度合に応じて、「主体性」も宙に浮き、しかもそれが事柄の一切であると思うものだから、客観性・主体性という図式ではとらえきれない問題の数々を、全部この図式の中に投げこんで処理する、というようなことになってしまうのです。実存主義の流行現象が一つの正しさを持ちながらも、結局は戦後日本の宙に浮いた知識人の柔弱なイデオロギー現象に終ってしまった理由は、そこにあるのです。

このように見てくると、宗教的かかえこみの問題は、決して、単に宗教の問題であるばかりではなく、むしろ、近代的な人間の意識構造に関する広くかつ根深い問題であるということがおわかりいただけると思います。もう少し言うならば、宗教の問題は決して宗教の問題ではないのです。

さて、主要な問題は、このような取り残された部分の観念的なかかえこみを、どのようにして克服するか、ということです。そのことは（I）の最後のところで、短く言及しておきましたが、それをここでもう少し詳しく展開し直します。つまりそこでは、このようにして取り残された部分を負の部分と名づけたのですが、「負の部分の存在は、それが負の部分として残されることに対する痛みとしてとらえられるべきなのに、それを独立した負の領域としてかかえこんでしまったのでは、駄目なのです」と述べて、「痛み」という何ほどか情緒的な概念に流して、とりあえず結論をつけておいたのですが、そこのところをもう少し押さえてみたいと思います。つまり、諸観念空間の中に切りきざまれて吸収された人間諸個人の現実、というような言い方を何度もしてきましたけれども、もちろん本当は人間そのものが切りきざまれるわけではないので、むしろこれは、現実に関する意識の諸観念空間への細分化なのです。そうだとすると、存在している現実自体は常に総体的な関連の中においてのみ存在しているのですから、それを、細分化し、かつ相互の本質的な関連が十分にとらえられずにむしろそれぞれが閉鎖的に独立領域を作ってしまっているところの諸観念領域に意識が吸収されてしまうと、どうも自分の存在はこれだけのことではないらしい、という感覚が強く残るのです。そして、この種の観念的な形成物が何ほどかの力をもって現実を規定しはじめると、総体的な関連の中においてしか存在することのできない現実は、決して、総体的な関連を喪失するのではなく、むしろ、その関連が一定のひずみを含むようになる、ということなのです。このひずみが、前に、「痛み」と呼んでおいたことなのです。これは、構造的には、小は個々人の教育上の形成過程から、大は産業社会全体が自然的生命に対して持っている関わりにいたるまで、現れてくるものなので、それを、「言わく言い難い部分」などといった調子で情緒的に流していると、結局、ことを個人の精神性の問題に解消してしまうことになります。前者については、近代的な国民教育の普及、強化に伴って、つまり、学校教育における知識体系、及びそれに随伴する技能、芸能教育の体系的細分化に伴って、教育される人間はますます自然における総体的な人間としての存在にひずみが生じていき、このひずみに抗しようとする努力そのものが、このひずみによって規定されざるをえず、絶望的な反抗を繰り返さざるをえないことになりますし、後者については、自然に対して力を加えていく産業の構造が、特定の観念体系から算出された力としてのみ働くから、それで、自然に対して加えられる人間の力がますます自然からの人間の乖離をひきおこし、その結果自然の力が狂暴に人間に対立するものとなるのです。

ですから、必要なことは、こういう仕方で設定されてくる諸観念空間の、その設定のされ方自体を否定的に克服していくことなので、残された部分の存在に固執していても仕方がないのです。確かに、残された部分の存在を感覚的にとらえることは、まず問題意識の出発点として必要なことです。しかし——これはまた、この問題に限らず、体制批判の一切に共通することですが——問題意識の出発点は出発点としてのみ意味があるので、決して問題解決の、もしくは問題状況克服の、原点ではない、ということは常に自覚しておく必要があります。たとえば、「本土」の人間は自分達のおかれた問題状況を沖縄に視座をとることによって、鋭く問題意識としてとらえることができます。けれども、

「本土」の人間がいかに沖縄を語り続けたとしても、それで問題状況を克服できる、などというものではないのです。宗教的かかえこみの場合について言えば、「残された」部分を残された部分として強調するのでは、決して、問題状況を克服する展望は開けないのです。そうではないので、本当は、いわく言い難い部分が「残され」ているのではないので、残されている、という風に感じるのは、右に述べたひずみの状態の意識面への反映なのです。問題意識の出発点はあくまでも出発点にすぎないので、その出発点自体がすでに問題状況によって規定されてしまっている度合いが非常に強い、ということを忘れて、その出発点の感覚が人間存在の本質であるかの如くに丸ごと固定してしまうと、そこに宗教的かかえこみが生じるのです。

これを言語表現の問題の方に移して言い直すとすれば、ものを言っていく場合に、言いえていない部分との関連をいつでも意識しながら言葉を用いていく、という作業が必要になる、ということです。その作業に執拗に取り組むことを省略して、ただ、明晰さを追求するすべての言語表現の努力を虚妄なものとして退ぞけるのみであるとすれば、その反撥自体虚妄です。もう一度言うと、これは決して、明晰な部分と暗い顕わでない部分とがそれぞれ別個に存在する、というのではないので、顕わでない部分が常に明晰な部分にくみこまれ、明晰な部分が常に顕わでない部分のひずみに突入していく、ということです。

この問題は、もう一つ、共同性と個的存在という角度からも問題にする必要があります。つまり、共同性は常に関係の問題なのですから、意識の上では必ず観念の共同性として現れざるをえないので、その場合に、共同性の観念によっては個的存在をとらえきれない、というのは当然のことなのです。しかし、共同性の観念によっては個的存在をとらえきれない、ということと、個的存在は同時に切り離しがたく共同的存在である、という存在関係とは、別の問題です。しかも、共同性は、意識される時には、決して、存在それ自体としては意識されず、観念の共同性としてしか意識されないのです。そこを混同してしまって、共同性の観念についていくら論じても、それは俺の現実と無縁だ、という形で切って落すと、いつまでも共同性の問題に切りこみえない、ということになります。しかし、これについては時を改めて論じ直しましょう。

以上のような複雑多岐な問題にわたる事柄を、すなわちここで主としてそれを、近代的な知識体系の問題とそれを規定している社会構造の問題、言語の問題、最後にひとこと言及しただけですが共同性の問題、それらすべてを結ぶ問題として存在と意識の関わりという視点から論じてきたのですが、そういう事柄を、一まとめにして絶対不可侵の精神的領域としてかかえこんで、それを見えない部分と称して眼をそらす時にそこには気がつかぬままにあらゆる要素が流しこまれるのです。そして、それが無自覚的に聖域として神棚にまつりあげられる時、そこは体制的イデオロギーがぬくもって巣くう場所となるのです。だからこそ、精神的聖域を自ら撃つのでなければなりません。

（一九七一年十二月〜一九七二年三月）

後　書

雑誌『指』はかつて上原教会の牧師であった赤岩栄によって創刊された個人雑誌である。一九五〇年十二月号から一九六六年十一月の彼の死の直後（六七年二月号）まで続けられた。それは、出発の当初は、当時大きなジャーナリスチックな問題をなげかけたところの「共産党入党宣言」を発表した赤岩栄の主宰する雑誌でありながら、よくあるキリスト教の伝道雑誌の一つにしかすぎなかった。彼の、キリスト教徒でありかつ共産主義者である、という主張は、所詮無理な主張ではあったが、もう一歩掘り下げれば、深刻な思想的問題設定をなしうるところまで行きつきえたはずであるのに、その手前でジャーナリスチックに騒がれて終ってしまったため、後の世代に何ら重要な影響をも残すことができず、赤岩自身は、キリスト教と、彼の理解した限りでの共産主義の両者に対して、護教論的にふるまうにとどまった。

しかし、この雑誌は、赤岩自身が「キリスト教脱出」に向って進みはじめるに伴って、キリスト教批判を主たる課題とするようになっていった。我々がその最後の二年弱の期間、これに参与したのは、まさにその課題の故であった。

この第一次『指』の終刊後一年近くしてから、我々、つまり宮滝恒雄氏と私とは、第二次『指』を刊行することにした。それは、第一次『指』と接点を保ちつつも、第一次『指』を克服する新しい雑誌でもあった。すなわち、我々は、雑誌の外形的体裁と誌名のほかに、キリスト教批判の精神を赤岩から継承した。この精神は、日本キリスト教史において、一つの新しさであった。近代日本の歴史において、何ほどかすぐれた思想的軌跡を残した者達の中には、あるいは、残しうる可能性だけは少くともはらんでいた人々の中には、あるいはまさに以下の理由でその可能性をはらむこともなしえなかった人々の中には、いったんキリスト教徒になりながら、キリスト教を放棄した者が相当数いる。その点では、赤岩も、また我々も、その中に数えられよう。けれども、過去のほとんどの人々は、キリスト教を放棄する時に、ただ棄てるだけでそれ以上省みることをせず、他のイデオロギーへと引越して行った。しかし、我々はそうはしない。重要なことは、キリスト教徒であるかないかという看板の問題ではないので、何故、自分達が今までキリスト教徒になってしまっていたのか、ということを、批判的に明らかにすることである。個人的な体験としても、自分に対する、また自分の「信仰」なるものを真理として語って来た周囲の人々に対する責任として、くだらなく思えてきたからもうやめた、と言ってすますことは許されない。何故そういう「信仰」を自分が今までひきずって来たか、ということが批判的に明らかにされるのでなければ、基礎的なイデオロギー的体質はそのまま残り続けるからである。例えば、キリスト教からマルクス主義に引越す者には（敢えて「転向」とは呼ぶまい）、彼のキリスト教信仰を支えていた観念論的教条主義をそのままに、看板だけを「マルクス主義」にぬりかえている者がよくいる。

しかしまた、これは個人的体験の問題としてだけでなく、世界史的な問題として、何故キリスト教が世界史的なイデオロギー的力として存在しつづけることができたのか、ということを解明することは、かつて一度キリスト教の中に身を投じたことのある者のなすべき作業であろう。そしてそれは、単に理論的に一度口にされればいい、ということではなく、たとえ日本ではキリスト教会は微々たる勢力であるにせよ、その中に居続けて、問題を明らかにし続けるのでなければならぬ。赤岩栄のキリスト教批判が持っていた新しさは——たとえ彼の発言が内容的にはしばしば稚拙に借物の概念をふりまわす程度のことに終ったにせよ——キリスト教を否定的に批判する者が、なおかつキリスト教の中に居続ける、という姿勢である。

第二次『指』はその点において赤岩を継承しようとしたが故に、まさに同じ点において、赤岩の第一次『指』を克服するものとなった。むろん我々は、赤岩がキリスト教に代えて身を寄せかけて行ったところの、マルチン・ブーバー的「我と汝」の実存主義だの、疑似仏教的な悟りの境地だのにつきあうつもりはない。赤岩が、キリスト教からの脱出を宣言しつつ、しかも宗教的心情に固執しようとしたのは、とりも直さず、キリスト教批判の不徹底を示す。「神」を退けても、「何かあるもの」「言わく言い難いもの」にしがみつくのでは、本質的には変りはない。そのことはまた、第一次『指』が、キリスト教脱出を志向しつつも、赤岩の「悟り」の私的な境地の伝道雑誌として、あくまでも彼の私的な雑誌にとどまったことにも現われている。

我々の『指』(東京都杉並区堀の内三—一六—三六真田方、『指』発行委員会発行)は、まだ、多数の問題意識をかかえた雑居的な雑誌にすぎない。けれども、第一次『指』に対する接点とその克服の問題意識は——そしてこれはまた同時に、第一次『指』に対する問題意識であるだけでなく、日本でキリスト教批判をそれぞれ独立にいとなんできた数多くの人々と共通する問題意識であることを我々は知っている故に、我々の『指』は赤岩の個人雑誌であった当時と比べて、より広い基盤に根ざしているのであるが——その問題意識は共通して流れている。そして、この克服の内容については、本書全体が示すところであるから、それにはここではふれないにせよ、その克服は、いきなりはじめから全面的に展開されたものではなかった。我々の再刊第一号(六七年十一月)は、第一次『指』とほとんど変らないところから出発している。そして、本書の最後におさめた「宗教的かかえこみ」批判において、我々はこの克服について一つの結論を出しえた、と思っている。

本書は、以上紹介した第二次『指』の五年間に、私なりに書いてきたことを整理し直したものである。

右に「この克服の内容」という句で表現したことのうち、本書におさめた諸文章においては、特に、次の三点に関わって来た。キリスト教批判はキリスト教だけを扱っていてはなすことはできない。それは、人間の観念的ないとなみ全体に対する批判をなすことによってはじめて可能になる。そして、観念批判は、最終的には、歴史批判である。人間は歴史的存在であるのだから。だからこれは厖大な課題である。むろん、キリスト教批判でなくとも、他の、ある特定の観念批判の作業にしろ、本質的には同じ課題なのだ。我々はその突破口として、キリスト教から穴をあけはじめている、ということである。

この展望の中においては、まず、そもそも思想的な批判の行為とは何であるか、ということを明らかにせねばならない。その問題に何ほどかふれている文章を第一章にまとめた。

第二に、それは、いわゆる「知識人」の問題と関わってくる。私見によれば、「知識人」論が「知識人」論にとどまっている限り不毛であって、知識論、というよりも、知識批判が基礎にすえられねばならない。ここでは、そのことについての端緒的な自己反省を何ほどか展開してみた。むろん、このことについては、私などよりよほどすぐれて展開している人は大勢いる。ただ、宗教批判を展開することは同時に少くともここまでの視野を保つ必要がある、という意味で、敢えて自分の限界にも関わらず一章もうけた。

第三に、宗教批判自体の問題を、常に、観念批判全体の問題意識につなげていく仕方で、くり返し展開し直す必要がある。それが我々の『指』の主要課題でもある。そのことにふれた文章を第四章にまとめた。

なお断っておくが、本書は主として『指』にのせた拙文を再録したものであるので、この後書においては、第一次『指』との批判的接点ということを中心に述べたのであって、それはむろん、これらの文章を生み出す多くの動機と問題意識の一つにしかすぎない。

最後に、各文章について、短く自らの批判を記すと共に、『指』以外からとられたものは、その初出を指摘しておくことにする。それぞれの文章が、小雑誌の短文として書かれたものだけに、エッセイ風の問題点の指摘にとどまっている、という限界については言い訳をしない。そういうジャンルの書物を公刊する意味はある、と思うからである。

第一章

「批判ということ」。これは『指』にのせた時の文章を、何ほどか文章の不鮮明なところを修正補足しただけである。現在の自分の見解である。

「秩序への屈従」。『指』の文章をかなり大幅に書き加えたが、基本的な趣旨は同じである。現在の自分として、どうしてもこれは言っておこう、と思った事柄である。

「逆説ということ」。最後の数段は書き加えた。「批判ということ」において展開したことのもう一歩手前の反省である。最後の四行で書いたことが、もっと歴史的内実をこめて展開されなければならない。

「少し違うもの」。これはほとんど原文のままである。四一頁から四二頁にかけて、および四三頁の部分を何ほどか修正し、書き加えた。この文は独立に読まれてはならない。四章の「宗教的かかえこみ」と、この前においた「秩序への屈従」が、この文章の続きである。

「出来事としての生」。これはその年の夏に『指』の読者が集った合宿で話したことの要約である。言葉の足りないところを補った以外には直していない。ここからは当然、さらに進んで、歴史的認識の全体を、また人間が歴史的存在である、ということの意味を、より広くかつ本質的に問うのでなければならない。つまり、たとえば「過去のいろいろの出会いからの総合的類推」という句で言おうとしたことが、もっと肉づけられねばならない。他方、「わからないもの」というような概念で一まとめにして処理している仕方は、批判されねばならない。

「立ちつくす思想」。追記参照。

後書

第二章

ここでは『指』の文の再録と違って、比較的長い文章を三つまとめた。本書の中でこの章にだけ興味をおぼえられる読者があったとしても、逆にまた、この章にはおよそ興味を持たれない読者があったとしても、私としては不服はない。

「知識人論への一視角」は、今年の一月三十一日号の『日本読書新聞』に発表した文章をもとにして書き改めたものである。ただし、そこではごく要約的にしか書けなかったことを、約五倍の長さに展開し直してある。

「民衆理念の観念的浮上」。これのみは、講演の再録である。同志社大学教育科学研究会の学生諸君がテープからおこして同大学教育学会発行『パイデイア』第九号（一九七二年三月二十日刊）に発表されたものを、許しを得てここに再録した。その際、文章の不鮮明なところは修正した。講演の再録である故に、どうしてもくどくなり、内容的にはここに収めた半分ぐらいの長さに凝縮すべきものである。しかし話し言葉の特色というものはあるので、くどさを省みず、そのまま再録することにした。内容のかなりな部分は、今まで多くのところで論じてきたことのまとめ、もしくは補足である。この文に独自の要素は、民衆理念が民族主義的イデオロギーにかかえこまれるからくりを批判した点だけである。そのほか、原始キリスト教における普遍性の二つの型（マタイとパウロ）を論じた点、マルコの「民衆」理念の抽象性を論じた点は、今まで折にふれて述べて来たことではあるが、何ほどか補足的に進展している。――この再録を認めていただいた同大教科研の諸君にここに感謝の意を表する。

「新しい知性の創造」は、一九六九年九月号の『指』に同題の文を発表してはいるが、それがいかにも舌足らずであったので、同年三月号に発表した拙文を加味しつつ、まったく新しく、かつ詳しく書き改めた。

第三章については、別に言うことはない。

第四章はいずれも『指』の文章を、それぞれ不鮮明な部分を修正、書き加えた程度で、再録したものである。必要な批判は、各文章内の註、及び追記にふれてある。『指』五年間に、宗教批判の問題意識がどのように展開していったかを示すため、発表順に並べてある。「**世俗都市**」は、キリスト教がなるべく宗教くささを隠して現代に生き残ろうとする最後の護教論的なあがきであるので、思想的な質としてはそれほど高いものではないのだが、現代の宗教批判の課題として、こういう形で「世俗化」をとなえるキリスト教の批判は、さらに徹底して続けねばならない。「**非暴力主義者のずれ**」は、親しい友人を批判したので、いささかセンチメンタルになりすぎている点は御寛恕いただきたい。もっとも、聖書を知らない人のために多少注釈しておくと、これは、いわゆる口語訳聖書の文体をわざと皮肉にまねたのである（二二三頁）。「**宗教的かかえこみ**」のみは、『指』の文章を大幅に書き改めた。ここでは、宗教批判は単に「宗教」の批判に終らないことを指摘した。**ここではまだ示唆的にしかふれていないことを展開するのが今後の課題である。**

なお、送り仮名及び一つの語を漢字で書くか仮名で書くか（「彼等」「彼ら」「かれら」など）、という点は敢えて統一しなかった。だいたい、これらの要素を統一しなければならない、という発想の方が日本語表記の理論としておかしいのである。これらの要素は、文章の前後関係、文体、その文章を書く時の著者の心、などに従って、その都度自由に表記されるべきものなのであって、それが文章の味わいをつくるのである。送り仮名その他を出版社が勝手な基準で「統一」する、という悪い習慣はもうやめるべきである。漢字仮名づかいが不器用に下手だとすれば、それはその著者自身の文体上の努力の不足に責任が帰せられるべきなので、出版社がそこまで修正するのは、著者の文体に対する介入である。この点について勁草書房が本書に関する限り私の主張を了解してくれたことを、当り前のことには違いないが、今の出版界全体の傾向を思う時に（特にそれは、日本語について見識のないキリスト教出版界にはなはだしい悪習慣である）、私としては大いに感謝しておきたい。

著者略歴

1935年　東京に生まれる
専　攻　新約聖書学
連絡先　〒666-8691 兵庫県川西郵便局私書箱17
著　書　『原始キリスト教史の一断面』（1968年、勁草書房）
『歴史的類比の思想』（1976年、勁草書房）
『イエスという男』増補改訂第２版（2004年、作品社）
『書物としての新約聖書』（1997年、勁草書房）
『マルコ福音書（註解）』上巻（1997年増補改訂版、新教出版社）
『キリスト教思想への招待』（2004年、勁草書房）、ほか多数
訳　書　『ウィリアム・ティンダル』（2001年、勁草書房）、ほか数冊
ホームページ　http://www6.ocn.ne.jp/~tagawakn

立ちつくす思想

1972年12月25日　第１版第１刷発行
2006年９月５日　新装版第１刷発行

著者　田《た》川《がわ》建《けん》三《ぞう》

発行者　井村寿人

発行所　株式会社　勁《けい》草《そう》書房

112-0005 東京都文京区水道2-1-1　振替 00150-2-175253
（編集）電話 03-3815-5277／FAX 03-3814-6968
（営業）電話 03-3814-6861／FAX 03-3814-6854
総印・青木製本

ISBN4-326-15387-3　Printed in Japan

田川建三	キリスト教思想への招待	四六判	三一五〇円
田川建三	書物としての新約聖書	A5判	八四〇〇円
田川建三	原始キリスト教史の一断面 福音書文学の成立	A5判	五六七〇円
田川建三	立ちつくす思想	四六判	三七八〇円
田川建三	歴史的類比の思想	四六判	三四六五円
D・ダニエル	ウィリアム・ティンダル ある聖書翻訳者の生涯	田川建三訳	八八二〇円
J・ヒック	宗教の哲学	間瀬啓允 稲垣久和訳	三一五〇円
落合仁司	地中海の無限者 東西キリスト教の神—人間論	四六判	二一〇〇円
橋爪大三郎	仏教の言説戦略	四六判	三〇四五円
貫成人	経験の構造 フッサール現象学の新しい全体像	A5判	五四六〇円
トーマス・シュランメ	はじめての生命倫理	村上喜良訳	二八三五円
柴田有	教父ユスティノス キリスト教哲学の源流	A5判	四五一五円

＊表示価格は二〇〇六年九月現在。消費税は含まれております。